John R.O'Donnell
ジョン・オドンネル
James Rutherford
ジェームズ・ラザフォード
Ueyama Shuichiro
植山周一郎［訳］

D・トランプ 破《は》廉《れん》恥《ち》な履歴書

飛鳥新社

D・トランプ　破廉恥な履歴書

●目次●

プロローグ　5
1　トランプの虚と実　10
2　会社を疲弊させるワンマン経営　32
3　大衆を嫌っていた「ヒーロー」　42
4　対決を好み、競争をあおる　57
5　コスト計算なき放漫経営　76
6　冷酷非情な「取引の達人」　90
7　部下に要求すること　104
8　自意識過剰のふるまい　116

9 かけがえなき腹心の死 136
10 トランプ一流の保身術 159
11 バブルの申し子 171
12 大物ギャンブラー、柏木昭男 191
13 神から人間への転落 208
14 トランプ最後の大ばくち 218
15 帝国崩壊の足音 241
16 トランプと訣別した日 252
エピローグ 273
訳者あとがき 285

装幀／芦澤泰偉事務所

プロローグ

私の仕事はギャンブラーだ。世界でも名だたる大勢の大富豪に囲まれて暮らしてきた。だから彼らが何に魅力を感じ、何に夢中になるのかを心得ている。私も彼らと同じような考え方を身につけた。彼らの力量も弱点も見抜いている。一〇〇〇ドルのチップをうず高く積み上げた、グリーンのフェルト張りのテーブルの向かい側から彼らを見下ろし、そして打ち負かしてきたのだ。

私は三年の間、トランプ・プラザ・ホテル＆カジノの経営を手伝った。三〇億ドルをかけたこの賭博場は、当時アトランティック・シティの海沿いの大通りや遊歩道にそびえ立つ数々の大がかりなカジノ・ホールの中でも、ひときわ魅惑的で活況を呈していた。その三年間の最後の年には、私がそこの最高経営責任者だった。つまり、ゲームの「ハウス（胴元）」役として、ドナルド・トランプの資産を増やすのが私の仕事になったということだ。

これまでにトランプ・プラザのカジノにあるクリスタルのシャンデリアの下では数知れぬギャンブラーが運試しをしてきたが、私の知っている中では、ドナルドが一番の大物だった。それに一時は一番ラッキーでもあった。だが、運といえどもしょせん金次第なのだから、それがいつまで続くかはおよそ当てにならない……とりわけカジノでは。私がついに彼のもとを去る日がきた時、彼のところへはじめてやってきた日と同じようにカジノのフロアを通り抜けて出ていったのも、また気まぐれな運命のいたずらだったと言えよう――一九九〇年四月二七日金曜日のあの最後の朝、クラップスとブラック・ジャックのテーブルを通りすぎ、ルーレットの輪がかちかちと軽い音をたてて回っているかたわらを抜け、ベルの音とともにたくさんのコインが勢いよくがちゃがちゃと音を立てて落ち、活気づいて動き出したばかりの何台ものスロットマシンの間の通路から通路を縫って、私はドナルドのもとを去ったのだった。

ギャンブラーの目で見れば、私がドナルドのもとを去る方に賭けるのは勝ち目がなかっただろう。ドナルドもそう考えていたのは確かだ。二人の仲はとっくに割れて別々の方向に流されてしまっていたのに、彼はそんなことになろうとは夢にも思っていなかった（弁護士の一人に彼はいつもの泰然自若とした自信たっぷりな口調で明かした。「いいや、ジャックは絶対に出ていかないさ。あいつには多すぎるくらい払ってやってるんだから」）。そうは言っても、ギャンブラーというのは度しがたい手合いだ。それにドナルドはギャンブラーとして最悪のミスを犯していた、自信過剰というミスを。

彼がそう考えたのはもっともだ。彼は私に二六万ドルの年俸を支払っていた。辞めるには惜しい金額だ。実は私が辞めた日の朝、ドナルドは私に会うためアトランティック・シティに向かっていた。私は自分のオフィスにいた。彼を乗せた自家用のヘリコプターは着陸しようとしていた。彼のヘリはつやのある黒い軍用スタイルのアエロスパシアル・スーパー・ピューマで、自分の持ち物には残らずつけているように、彼の名前が鮮やかに描かれている。私が稼いでいた二倍ちかい金額を支払うことになる雇用契約を、これから二人で練り上げる予定だった。

　ところが、はじめは自分でもわけがわからない激しい怒りに駆られて、あっと言う間に雇用契約なぞはご破算になってしまった。その直後には私は腹を立てたあまり机の前を行きつ戻りつするばかりだった。やがて事態が呑み込めてきた——私は彼の賭けに応じたし、下りる気はなかった。胴元はいくら大口の賭けでも決して気をもんだりはしない。どんなに賭け金が高かろうが、どんなに凄腕のギャンブラーであろうが、最後にはつきは必ず胴元に戻ってくる。そうなるに決まっているのだ。そのことを私はこれまでのギャンブル稼業を通じて学んでいた。だがギャンブラーたちはたいていその事実を認めたがらない。前にも言ったように、ギャンブラーというのはしょせんは度しがたい輩なのだ。

　ようやく気が鎮まって歩き回るのをやめると、机に戻って腰を下ろした。大きく息を吸ってゆっくり吐き出し、二六マイルのマラソンの最後の一歩を踏み出す時のように酸素の量を加減しながらもう一度息をゆっくり吸い込んだ。

　本当に自分がそれを書いたことを確かめるように、最後にもう一度辞表に目を通す。

拝敬
　私は今直ちにトランプ・プラザ・ホテル&カジノの社長並びに最高経営責任者の職を辞任いたします。

簡単に「ジャック」とだけサインした。

その手紙を秘書に手渡し、ドナルドがヘリコプターから降りたらすぐ、彼に渡すよう指示した。秘書が出ていくと、予定の書いてある手帳をブリーフケースに滑り込ませてぱたんと閉じた。ちょっとの間一人で座ったまま、次に何をしたものか考えをまとめようとした。だが怒りの激情に流されて一つも考えがまとまらなかった。受話器をたたきつける前に最後に耳にしたスーパー・ピューマのやかましいエンジンのように、怒りが頭の中でぶんぶん唸っていた。

カジノとホテルが一体となったリゾート施設「トランプ・プラザ」
（写真：Alamy ／アフロ）

1 トランプの虚と実

トランプとの出会いはこうしてはじまった

一九八七年二月四日、私はアトランティック・シティの遊歩道の中ほどにあるトランプ・プラザ・ホテル&カジノのマーケティング担当常務として、ドナルド・トランプのもとで働くことになった。年齢は三二歳、ビジネスマンとしては、何千万ドルものカジノを経営する観光会社のトップの座から、出世梯子を二段階ほど降りたことになる。その日私は以前の同僚と再会した。スティーブ・ハイドとマーク・エテスの二人で、それぞれトランプ・プラザの社長と専務をしている。実はドナルド・トランプのカジノの仕事を紹介してくれたのはスティーブだった。そしてこの日、私はドナルドとはじめて会ったのだ。

午後一時頃ふと机から目を上げると、黒いオーバーを着た背の高い男の姿が目に入った。新聞やテレビで見知っていたのですぐに誰だかわかった。

「やあ、ドナルドだ」

私はすぐに椅子から立ち上がって挨拶を返した。「ええ、存じ上げています。ジャック・オドンネルです」

彼は想像していたよりずっと背が高く、私よりもゆうに頭一つ分は高かった。私もスポーツをするので気づいたのだが、体つきは格別がっしりしているというほどではないのに堂々たる押し出しだ。彼がいるとその存在感がオフィス全体を満たし、身のこなしは敏捷《びんしょう》でエネルギッシュできびきびしている。彼の方からは手を出さなかった。私が差し出すと、彼はその手を握り、二人は握手をした。「ようこそ。ここは稼ぐには世界一の土地だし、誰かのために働く気なら、この俺は世界一のボスだと言えるだろうな」ニューヨークなまり丸出しで早口に話しかける。

そう言われて、私はなんと答えてよいやらわからなかった。たいていの人が一生かかってやる以上の仕事を、四〇歳でやりとげてしまった人物のために働くのに、興奮せずにいられる人などいるだろうか？　それから彼はこうつけ加えた。「俺はアメリカの実業家の中では一番の成功者だ。それにカジノの事業では大いに儲けたしね。誰もがとうていできないと思うことをやってのけたよ。それに大きなプランもいくつか抱えてるんだ」

私が以前勤めていたアトランティック・シティのバリーズ・パーク・プレイス・カジノ・ホテルのオーナー会社、バリー・マニュファクチャリング社の「グリーン・メイル（株式買い戻し工作）」をめぐって、彼が数百万ドルを不当にせしめようと画策したことは、私も知っていた。「取り上げてやった」――その会社から不当な利得をがっぽりせしめた時、彼はこういう言い方をした。彼が言うには、その会社は「世界で最低の経営者」が経営していた。ドナルドはバリー社の株をかなりの量買い占めておいて、会社側が買収――いわゆる「乗っ取り」――を恐れて、いくらか上のせした価格でその株を買い戻すように仕向けた。「あの間抜けどもめ、降参したな。あいつらを心底震え上がらせてやったと思うと実に愉快だ」そのうえまだ愉快だったのは、というか彼が愉快に感じたのは、七年近くも遊歩道のカジノ業界を取り仕切ってきたスティーブ・ウインを、アトランティック・シティからきれいさっぱり追っ払ったことだ。しかも彼の社の重役陣から三人も引き抜いたのだ——スティーブ・ハイドとマーク・エテスとそして今度はこの私を。

彼がスティーブ・ウインのことで頭が一杯なのは、五分も話をしているうちにはっきりわかった。彼はオーバーを着たまま、私の机の向かい側の壁に寄せてある寝椅子に腰を落ち着けた。「スティーブ・ウインのことを話してくれ」と言う。

私は意表を突かれた。というのも、私の経歴や業績など、自分のことを聞かれるとばかり思っていたのだ。おそらく、私なりのマーケティング論とか、資産の運用計画について聞かれるだろうと考えていた。ところが彼はそんなことにはてんで関心がなかった。

そこで、これまで勤めていた会社の社長のスティーブ・ウインから、「重役として迎えるから、ラスベガスの事業を一緒にやらないか」という申し出があったいきさつと、アトランティック・シティにすっかり根を下ろしているのでその申し出を辞退したことを説明した。妻のリサも娘のローラもここに住むのを喜んでいる。だからスティーブ・ハイドにならって、私もトランプ社に移り、ここでこれからの人生を築くことに決めたと話した（スティーブ・ハイドの説得がなければウインのもとを去るような真似は決してしなかったことや、彼のためでなければ絶対にトランプ社にはこなかったことは伏せておいた）。

トランプは満足そうにうなずいた。「そうとも、これだけの仕事はほかでは絶対に見つかるまい。この俺ほどの男はほかには一人もいないに決まってる。だから辞めることなど考えずにずっとここで勤めることだな」

「辞めるつもりはありません、トランプさん」

「ドナルドと呼んでくれ」と訂正すると、寝椅子にもたれた。「さあて、ウインのことを話してもらおうか。彼は正真正銘の気ちがいだという噂だが……部下に向かって金切り声で叫んだり、大声で怒鳴ったり、オフィスで物を投げつけたりするそうだが、本当かね？」

「ええ、スティーブはとても感情的な男です。ビジネスも多分に感情的に処理するようですね」

「そう聞いている。教えてくれ、どんなことをしたんだ？」

「そうですね、えーと、書類をまるめて私に投げつけたこともありましたよ」

「ほう、そんなことをしたのか？」

「重役会議の席上でした」

「重役会議でだって！　信じられないな！」ドナルドは首を振りながら言った。彼が喜んでいるのは明らかで、もっと聞きたがった。

私は、スティーブが前日のカジノの成績がかんばしくないと言って、かんかんになって真夜中に電話をかけてくるのは日常茶飯事だったことを話した。

「まさか！」

「ほんとですとも。それに、午前三時にだって電話をかけてくるんですよ、そう、誰か有名人がルームサービスに文句を言ってるが、いったいどうしたわけだってね」

「へえ！」

ドナルドはこういう話を面白がった。彼が興味をそそられるのはゴシップなのだ。そこで私は真相を説き明かして聞かせた。彼は自分がずっと信じてきたこと、すなわちスティーブではなくて自分の方が立派な人間だということを確認するかのように、一心に耳を傾けていた。彼がにやりとすると口の両端が上がり、私は内心鰐《わに》に似ているなと思った。

「なるほどね、あの男についてはそんなような話を聞いてはいたが……。要するにおとなげないんだな。ほかにはどんなことをした？　自分ではたいした色男だと思っているそうだね、女と見れば誰彼かまわず口説くそうじゃないか。そのあたりのところを聞かせてくれよ。細君と別れたのもそれが原因かい？」

スティーブとエレーヌ・ウインとは一九八六年七月にラスベガスで協議離婚を認められた。スティーブが、彼のオフィスに私を呼んでそのことを知らせてくれた日のことを覚えている。彼はドナルド・トランプにも電話で知らせたと言っていた（なぜ別れたのかは言わなかったし、私も別に聞きもしなかった。だが、ドナルドはその電話によほど驚いたらしく、自著『トランプ自伝』の中でもその話を忘れずに書いているほどだ）。

ドナルドは話を続けた。「そう、まったく妙な男さ。離婚した時、電話をしてきたんだ。まるで彼がエレーヌと別れることが、この俺に関係があるみたいじゃないか。こっちは細君のことなんか知りもしないのに。あの男とは親しくもなんともないのに、わざわざ離婚したって知らせてきたんだぜ」

私は話をそらせようとして、まったく別の話題を探した。「前にも言ったように、スティーブは仕事にかけてはとてもきびしいと言えるでしょうね。なにしろ感情的な人だから、ビジネスにも熱中するんですよ。実際彼は数字に駆り立てられていて、毎週、毎月、毎年数字を更新しないと気がすまないんです」

「うちではそんなことにはならないだろうよ。部下を率いて一緒に働いてもらうにはどうすべきかは心得ているからね。どっちみち、うちの将来は彼のところより上なんだ。俺は勝者だからな。いつだって勝者だった。でかい仕事をやってのけるつもりだ。そうとも、ウインのことなら彼が盛り場に所有している資産のことまですべて知りつくしているさ。だがうちだって、ほら、ネバダに大々的に打って出る計画だし、このアトランティック・シティでも、もっと手を広げるつもりだ」

私としては賛成のふりをするよりほかに仕方がないではないか？　もちろん私はそうした。彼が図太くて欲が深ければ、私もマネージャーとしてそれだけ大きなチャンスに恵まれるというわけだ。ただ、新入社員が入ってくるたびに暗唱して聞かせる演説みたいに、ぺらぺらと調子よくまくし立てるのは余計なお世話だといささか気に障ったが、そんなことはどうというほどのことではない。

彼はしゃんと座り直した。「さてと、きみがどんなふうにやっていたのかはわかったが、うちのビジネスのやり方はシンプルなルールに従っている。つまりライバル社からトップ・クラスの人材を引き抜いて、彼らがもらっていたより多くの給与を支払い、彼らが見せてくれる手腕に応じてボーナスを出す。そういうやり方で一流の事業を築き上げてきたんだ。だからでかい仕事をしてくれ。立派な仕事をな。給料ははずむつもりだ。俺はナンバーワンになるつもりだ。うちの社をナンバーワンにしてくれたまえ」

そう言うと、出ていこうとして立ち上がった。今度もやはり手は差し出さない。「いずれまた会おう。俺が勝者だということを忘れないことだ。絶対に辞めるんじゃないぞ」そう言い捨てて立ち去った。

ちょっとの間私はじっと座り込んでいた。そうか、ドナルド・トランプとはあんな男だったのか。自分でも意外だったが、私は失望していた。

「偶像」になりおおせた男、トランプ

トランプのところで働きはじめるまでに、私はギャンブル・ビジネスについてはラスベガスやアトランティック・シティですでに一〇年ほど経験を積んでいた。ギャンブルの事業を成功させる基盤であるマーケティングが私の専門だ。

一九八四年、私は運よくゴールデン・ナゲット社でスロット部門担当重役としてスティーブ・ウインのもとで働く機会に恵まれた。この時の転職は、これまでになかったほど極めてスムーズに運んだ。この職場で、後に私の最も近しい友となり、その生活と運命とが私の生涯に影響する

ことになる二人の男に出会ったのだ。その一人、専務で営業部長のスティーブ・ハイドは親切で穏やかな人柄で、部下に忠誠心を吹き込む才のある目先の利くマネージャーだった。もう一人のマーク・エテスは、キャッツキルズにあるかの名高いグロシンガーズの保養地の相続人で、ナゲット社のマーケティング担当重役だったが、驚くべきエネルギーと野心に溢れた生まれながらの興行師だった。

ギャンブルとギャンブラーについて私が一番多くを学んだのは、スティーブ・ウインからだった。彼はこの商売のこつを、故郷のメリーランド州でビンゴゲーム場を経営していた自分の父親から教わったのだ。スティーブはペンシルバニア大学のウォートン・スクールを卒業している。読書欲が旺盛で、ずばりとものを言う。しかもハンサムですばらしい魅力の持ち主だ。彼はラスベガスに移り住み、ゴールデン・ナゲット社にささやかな投資をして、独力で道を切り開いた。数年のうちには自分に忠実な主だった株主を何人か集め、自ら取締役会長に就任。以来ずっとその地位を保っている。

彼には生まれながらに賭博場経営の才があり、その才能はアトランティック・シティで大きく花開いたと言えよう。とかく個性に乏しいホテル・チェーンの経営者とは対照的に、彼は友人のフランク・シナトラとともにテレビのコマーシャルに出演し、カジノのオーナーたちのうちでもナンバーワンの「スーパースター」にのし上がった。ゴールデン・ナゲット社はアトランティック・シティがまさに必要としていた、ラスベガスふうのセンスのよさと魅力をこのリゾート地にもたらしたのだ。

不動産業者でニューヨークにいくつもの高層ビルを建設したドナルド・トランプは、ウインと同じく自力で華々しい成功を収め、こうした初期のブームの最中にアトランティック・シティに乗り込んできた。彼もまたみんなと同じく、征服すべき新たな世界を求めていたのだ。誰をも魅了したあの同じ興奮に、彼もまた取り憑かれていた。何よりも第一に、賭博場に滔々《とうとう》と流れ込む現金にくらべると、いくらぜいたくで繁盛していたとはいっても、ニューヨークのホテルの収益は彼には色あせて見えた。

莫大な資金を現金でプールしていたうえに、この土地に進出するに当たっての前評判がすごかったので、用地の買収はスムーズに運んだ。

ドナルド・トランプはクィーンズ地区の中でも富裕階級の住むジャマイカ・エステートで生まれ、ミリタリー・スクールで学んだ後、ウォートン・スクールを卒業。その後、不動産開発業者だった父親のフレッド・C・トランプの事業を手伝い、四〇年間にわたってブルックリンやクィーンズ、スターテン島で中流階級向けのアパートを建設したり貸したりして成功を収めてきた父親のビジネスを習い覚えた。フレッド・トランプは長年かかって市の共和党組織と強いコネを作り上げてきた。

一九七〇年代の末、息子のドナルドはそうしたコネと二億ドルと推定される一族の資産を手にマンハッタンに乗り込み、それを元手に最終的には二〇億ドルに相当する不動産帝国を築いた。そしてその間に、まず最初にハイヤット・ホテル・チェーンと組んで、グランド・セントラル駅の上にきらびやかな三二階建てのホテル、グランド・ハイヤットを建設し、次いで五十六番通りと五十七番通りの間の五番街に当たる、彼お得意の「ティファニーの立地」にトランプ・タワーを建てて、マンハッタンのスカイラインの様相を一変させた。トランプ・オーガニゼーションはこのトランプ・タワーの中に本部を置き、ドナルドは家族と住むために、三階分を占める五〇室もある最上等のコンドミニアムをここに確保した。

ドナルド・トランプは破産したペン・セントラル鉄道から、ハドソン川上流の西岸にある七六エーカーの土地の開発権を買い取り、今や個人としてはマンハッタン最大の大地主にのし上がった。彼は「世界一高いビル」の中に高級店とぜいたくな住宅とを収めた「トランプ・シティ」の建設計画を発表した。

一歩前進するたびに彼の計画は一段と壮大になり、常軌を逸して飛躍的に拡大した。そして大衆の拍手喝采はますます大きくなり、トランプも自ら進んでそれに迎合した。以前彼はこうもらしたことがある。「快適な暮らしをするために金を稼ぐというだけじゃ、俺には満足できないんだな。いつも自分を表現する場を探してきた。何か記念碑になるような……苦労のしがいのあるものを建てようと努力してきたんだ」

彼はビルばかり建てていたわけではない。同時に伝説も作り上げていた。折に触れて正真正銘の城――尖塔と角櫓《やぐら》を備え、はね橋のある堀をめぐらした「トランプ・キャッスル」をマンハッタンのど真ん中のマジソン・アベニューに建てる話をした。ラスベガスにも色目を使い、「ザナドゥ（桃源郷）」と称する世界最大のカジノを建てる計画も発表した。

私生活の方でも、フロリダ州、パーム・ビーチの二〇エーカーの敷地に建つ一一八室もある豪壮な大邸宅、マール・ア・ラゴを一〇〇〇万ドルで購入した。彼は、元ファッション・モデルでオリンピックのスキー選手だった、魅惑的なイバーナ・ゼルニコバ・ウィンクルマイアーを妻にしていた。要するに、彼はトランプ・オーガニゼーションの子会社である一群の不動産会社や合名会社に君臨し、一〇〇〇名の従業員を擁していた。それらの会社の大半はニューヨークにあり、この市では彼はどこからみても完璧な――尊大で華麗な若きプリンスだった。成功者を崇める国柄のアメリカにあって、彼は国民の偶像になりおおせたのだ。

ギャンブル・ビジネスへの進出

一九八二年三月、トランプ・オーガニゼーションの専務をしている弟のロバートと自分との免許申請のヒアリングのため、カジノ管理委員会に出頭した時点では、彼はすでにありのままの姿より過大に評価されるようになっていた。計り知れないほどの富を代表すると同時に、その富によってアトランティック・シティを復興させ、ラスベガスでさえ夢想もしなかったほどの繁栄をもたらす無限の可能性の象徴ともなっていた。彼はわずか二時間足らずでその面接をパスして、カジノの営業権を認可された。

その後まもなく、ホリデー社と提携して高速道路の付け根にある地所に三七階建てのカジノ・ホテルを建てる計画を発表した。このリゾート地ではこれまでに最大の規模で、六一四室を擁する六万平方フィートのカジノになる予定だった。外観は非常に高く、いかにも「トランプ」らしい建物だ。提携の条件がほとんど信じられないほど好条件だったことは、この土地でまだ新参者だったことを考え合わせると、取引の達人としての評判をさらに高めたと言えよう。

収益を折半することと、当時ホリデー社の子会社だったハラーズを無償で共同経営者に含めるのと引き換えに、ホリデー社はそれまでにかかったコスト、二二〇〇万ドルをトランプ社に弁済するほか、さらに現金で五〇〇〇万ドル（そのうちの二〇〇〇万ドルはマネージメント料としてドナルドが受け取った）を支払い、建設費一億七〇〇〇万ドルのローンを負担したうえ、最初の五年間は経営上の損失に対して責任を負わせないことを保証した。

だが甘いハネムーンの期間は長くは続かなかった。一九八四年五月一四日、遊歩道での派手なオープニング・セレモニーで、ニュージャージー州知事のトーマス・キーンが「トランプ・プラザのハラーズ」のテープカットをするかしないうちに、ドナルド・トランプとホリデー社とは早くもいがみあいをはじめた。

建設費二億二〇〇〇万ドルの予算に合わせてトランプが急造したビルは、聞くところによると、エスカレーターは故障し、階段は行き止まりでどこにも通じていないし、調理場はレストランから遠すぎるうえに、ホテルのロビーは太い柱が林立して視界がさえぎられ、よけいせま苦しく見えるというありさまだった。インテリアはイバーナ・トランプがデザインしたが、備品は重々しいクローム、壁は明るい赤とオレンジと黄色と紫という目障りな色調である。夫のドナルドはこの代物を「世界一すばらしいビル」と褒めたたえた。ホリデー社は肝をつぶした。

トランプはビルをきちんと期限内に予算の範囲内で建て上げた、と主張した。ホリデー社の方では、何百万ドルも予算をオーバーしているではないかと反論した。

最初の年に当たる一九八四年末の決算では、「トランプ・プラザのハラーズ」の収益は、まだ七か月の営業実績しかなかったとはいうものの、市内で下から二番目だった。翌年からは収益は伸びはじめたが、トランプは満足しなかった。シーザーズとゴールデン・ナゲット社に独占されていたレートの高いギャンブル・ビジネスがひどくうらやましく、彼にしてみれば、そういう仕事は自分の名前にこそふさわしいと思われたのだ。彼はパートナーのホリデー社をなんとしても追い出そうと腹を決めた。

一九八五年の年が明けてまもなく、事態は思いがけない劇的な展開を見せた。三月に、カジノ管理委員会の投票の結果、ヒルトン・ホテル社の会長、バロン・ヒルトンのギャンブル業の認可が二対二で否決された。ヒルトン社がマフィアとつながりのあるシカゴの弁護士を労使紛争に雇っていたことがその理由だった。これにはこの業界の誰もがショックを受けた。

同業者であるホリデーとのごたごたに巻きこまれていたドナルド・トランプは、突然その矛先《ほこさき》を変えてだしぬけに仲に割って入ると、その施設をバロン・ヒルトンが投資したまるまる三億二〇〇〇万ドルで買い取ろうと申し出た。ドナルドはそれまで一度もそのビルに足を踏み入れたことすらなかった。「おやじに相談してたら……きっとお前、気は確かかって言われただろうよ」後にトランプはそんなジョークをとばした。だが実のところ、彼はカジノのライバルとして最も恐れていたウインを、なんとしても邪魔してやろうと決意していたのだ。

バロン・ヒルトンはトランプの申し出を熱心に受け入れ、四月には売買取引を完了した。これによってヒルトン側は、スティーブ・ウインの買収の企てを撃退するだけの資金を手に入れ、スティーブもその入札を取り下げた。トランプは一四エーカーの敷地を占める巨大なカジノ・ホテルを獲得して引き上げた――彼がカジノの全所有権を手中にしたのはこれがはじめてである。このカジノ・ホテルはシンプルで機能的に設計されていた。二六階建てで、営業面積は二〇万平方フィート、高さ三〇フィートの吹き抜けがある。付設の駐車場は九階建てで、三〇〇〇台の車が収容できる。ホテルの客室数は七〇三室。ギャンブル場は広く、六万平方フィートで、テーブル数一〇七、スロットマシン一六八八台。従業員数は最終的には四〇〇〇人近くに達するだろう。

トランプは新しい事業の監督者として、妻のイバーナに目を向けた――彼女には事業に欠くことのできない野心があるから、なかなかやるかもしれないと。

イバーナは表向きはトランプ・オーガニゼーションの設計担当常務ということで、前にも述べたように、「トランプ・プラザのハラーズ」の内装については、重要な役割を果たした。彼女のぎらぎらした派手な風采とたちまち癇癪《かんしゃく》を起こす激しい気性とは、ニューヨークの建設現場でも語り草になっていて――トランプは「あれは生まれながらの経営者だよ」と評した。彼は新しいカジノの経営者に彼女を選んだことをこう弁解している。「アトランティック・シティについてはもう長いこと研究してきて、カジノをやっていくには、ギャンブルについての専門的経験と同じくらいマネージャーの腕が大事だってことがわかっていたからね」彼が何よりも重要視したのは、彼女は家族の一員だということで、彼にとってそれはつまり「信頼できる」ということを意味していた。かくして一九八五年六月一七日、元ヒルトンのカジノ・ホテルは「トランプス・キャッスル」と命名されて、三六歳のイバーナ・トランプを営業担当常務として迎え入れた。

ホリデー社はアトランティック・シティに入る高速道路の根元にあるハラーズの地所をめぐってドナルドと争うのに疲れ果て、トランプに歩み寄って経営権の半分を売り渡すと申し出た。一九八六年のはじめに契約書にサインした。トランプはホリデー社の利権を六七〇〇万ドルで買い取り、カジノとホテルと駐車場との単独のオーナーになった。この駐車場が両者の論争の種になっていたのだ。後に彼は「あれはとりわけ面白味のある取引だった」とよく話していた。

彼はまたすぐに面白味のある話に飛びついた。その年の三月に、ゴールデン・ナゲット社で専務をしていたスティーブ・ハイドが転職して、「トランプ・プラザ・ホテル&カジノ」と改名したカジノ・ホテルの社長になることを発表したのだ。

スティーブについては、トランプの選択は賢明だった。ギャンブルの世界にはめずらしく、熱心なモルモン教徒で、年齢は当時のトランプと同じ四〇歳、七人の子の父親だ。私はトランプについては、大都市の傲岸な実業家でビジネスには強気で立ち向かい、勝つことに取り憑かれた男、といった一般によく知られているイメージ以上のことは知らなかった。スティーブは話しぶりの穏やかな男で思慮深く、事を決めるに当たっては慎重で、部下にも思いやりがある。しかも、仕事の面でもラスベガスのシーザーズ・アンド・サンズ・グループでの経験に加えてゴールデン・ナゲット社でも経験を重ねたため、マネージャーとしてアトランティック・シティの至るところで尊敬を集めていた。トランプは彼を通して、市内のあらゆるカジノから各部門の最高の頭脳を何人かプラザに引き抜くのに成功した。

若かりしトランプ氏と妻のイバーナ（写真：REX FEATURES ／アフロ）

スティーブが最初に引き抜いたのはナゲット社で彼の弟分だったマーク・エテスで、彼はスティーブより二か月遅れて五月にトランプ・プラザに入社した。マークは三三歳、若々しくハンサムで頭が切れ、野心に溢れ、自分はカジノのショーマンとして歴史に残るように生まれついているんだ、と頭から堅く信じ込んでいた。グロシンガーズで、一九四〇年代と一九五〇年代にキャッツキルズの保養地を有名にした有名人やエンターテイナーに囲まれて育った。グロシンガーズはボクシングのトレーニング・キャンプ地としても同じく名を馳せていた。彼の一番貴重なコネクションであるプロボクシング界とのつながりはその当時からのものだ。マークはアトランティック・シティにきて以来、彼らを常連の顧客にするチャンスを狙っていた。

スティーブ・ハイドは私にトランプ・プラザの常務の座を申し出た。だが私は辞退した——その理由は二つある。一つには、最高の師であるスティーブ・ウインのもとで自分の好きな仕事を習い覚えながら、思う存分やらせてもらっていたこと。もう一つは、トランプはギャンブル業にかけてはまだ海のものとも山のものとも知れなかった。彼は不動産業者としては途方もない成功を収め、しこたま儲けてアトランティック・シティを潤すほど資金を溜め込んでいるとはいっても、その真意がどこにあるのか疑わしかった。つまり、彼は元々不動産屋だから、いずれ転売して他の土地に移るつもりでカジノを買収しているのかもしれない。それに、ホリデーとの決裂の仕方から見ても、彼のビジネスのやり方は私にはどぎつく感じられ、彼が自分のボスになると思うとどうも気が進まなかったのだ。

乗っ取りの味は忘れられない

ところが一九八六年の終わり近くになって、局面は急激に変わりはじめた。その秋スティーブ・ウインは、ゴールデン・ナゲット社がラスベガスの一等地を八六エーカー買収したことを発表し、そこに空前絶後のギャンブルとレジャーの施設を六億ドルかけて建設することを計画した。私は準備段階からこのカジノの設計に携わり、彼の身近で働いた。このカジノは「ミラージュ（蜃気楼）」と命名する予定で、屋内には熱帯林や滝を配して生きている虎や鮫を放し、屋外には噴煙を上げている火山を築く計画だった。

トランプの二か所のカジノは、一九八六年にはアトランティック・シティで順調に収益を伸ばすところまではいっていなかった。彼はマリーナ地区の「トランプス・キャッスル」との地続きに、スティーブが所有していた一四エーカーの地所を買おうと申し出た。スティーブはミラージュのために、その用地の開発は一時棚上げせざるをえなかったのだが、試しに六〇〇〇万ドルという法外な値を吹っかけてみたところ、たちどころに交渉はまとまった。トランプはスティーブのラスベガスでの投資もねたんでいて、ミラージュの開発を共同でやらせてくれともちかけた。スティーブはこれを一蹴した。トランプは業を煮やして、後に『トランプ自伝』の中でスティーブのことを「強欲なギャンブラーの息子で、父親がやっていたビンゴゲーム場育ちだ」とこき下ろしている。

トランプは毒舌を振るってライバルを論評し、こう続けている。「彼はたいした仕事をやってのけた。口がうまくて、爪にはていねいにマニキュアをし、いつもひどくめかしこんで、二〇〇〇ドルのスーツと二〇〇ドルのシルクのシャツを着ている。ウインの難点は、自分をあまりにも完璧に見せようとするものだから、みんな彼にはうんざりしてしまうことだ」

私はトランプ・プラザにいる友人のスティーブ・ハイドとマーク・エテスとは、毎日のように会っていた。そして正直なところ、彼らと一緒に働けないのが残念だった。スティーブは夕食に招いてくれて、プラザにこないかという誘いをもう一度もち出した。私はやはり断った。ところがその頃トランプはある事業に手をつけ、そのビジネス上の一連の動きが私を心ならずも彼のもとに引き寄せる結果になった。

彼は一九八六年の春にトランプ・プラザの件でホリデー社と手を組むか組まないかのうちに、早くもホリデー社の株を買いに出た。この会社の株は大幅に低く評価されていると睨んだ彼の判断は正しかった。八月末までには株価の値上がりで一〇〇万ドルも儲けたうえに、「乗っ取る」意志がある、と威勢よくぶち上げた。

パニックに陥ったホリデー社の取締役会では、密議をこらしてトランプを撃退する計画をあれこれ考えた。あわてて会社の立て直しを図り、新たに二億六〇〇〇万ドルを借り入れて、株主に株数に応じて一時配当金を支払った。その上で莫大な負債を返済するため、所有していたホテルを次々と売りに出した。その結果、以前からネバダ州にあったハラーズの二軒のカジノと、アトランティック・シティの二、三のホテルとハラーズ・マリーナとを包括する新たな子会社が生まれた。

買収を恐れてホリデー社の株価は急騰した――それがトランプの狙いだった。一一月には自分の持ち株をホリデー社に買い戻させ、三〇〇〇万ドルにのぼると推定される利益をふところに入れた。おまけに、以前のパートナーにいく晩かの眠れぬ夜を授ける、という楽しみも味わったのだ。

トランプはこのぼろ儲けに味をしめ、その味が忘れられなくなった。ホリデー社の株を売り払ってから数週間もしないうちに、彼はバリー・マニュファクチャリング社に襲いかかった。私の父はかつてこの会社に勤めていたが、六年前に引退していた。この会社は、以前私が勤めていたアトランティック・シティのバリーズ・パーク・プレイスとネバダ州のラスベガスとリノにある二か所のMGMグランドのカジノとを所有していた。トランプは買収にかかり、バリー社の株の買い付け選択権を手に入れ、四九パーセントの株を買収する予定だと宣言した。

一二月はじめには、バリー社は今にも乗っ取られそうな状況だった。なんとか一時的にでも買収を食い止めようとして、バリーはアトランティック・シティのゴールデン・ナゲット社の買い取りを申し出た。その理由は、アトランティック市内にバリー社が所有する二軒のカジノはトランプをこの市から締め出すことになるというのだ。なぜならば、トランプがバリー・マニュファクチャリング社を買収すれば、彼はアトランティック・シティ内にトランプ・プラザとトランプス・キャッスルとバリーズ・パーク・プレイスとナゲット社のカジノ、全部で四つのカジノを所有することになる。これでは、「一人のオーナーは三軒までしかカジノを所有できない」とするニュージャージー州の法律に定められた数をオーバーしてしまう。

バリーはスティーブ・ウインに売る気を起こさせようとして、思慮分別のある実業家なら誰だって断りそうもない法外な高値をつけた。総額では四億四〇〇〇万ドルもの取引で、ナゲット社の二億九九〇〇万ドルの抵当を肩代わりする他、一億四一〇〇万ドルがスティーブのふところに残ることになる。それまでにアトランティック・シティのカジノに対してつけられた最高価格だった。

スティーブはラスベガスのミラージュの建設に取りかかりたくてうずうずしていた折から、バリーの申し出を真剣に考える気になっていたのは私も知っていたが、まさか売るとは思わなかった。ところが彼は売ることにした。

バリーの無謀な申し出は高いものについた――がそれだけの効果はあって、トランプは買収の指値を取り下げた。しかしこの取引でバリーズ・パーク・プレイスとネバダのMGMグランドとは、ゴールデン・ナゲット社の買収資金をまかなうために、手持ちの現金をすっかりはたいてしまった。騒ぎが静まってみると、バリーは新たに一八億ドルもの負債を背負い込んでいた。

この取引はアトランティック・シティにとっても不運の先触れとなった。その当時の飽くことを知らぬ強欲な金融市場の中、トランプ社のせいで金融手段としてのジャンク・ボンドの価値が広く認められて人気が沸騰した。その結果、比較的狭くてしかも競争の激しいマーケットで少しでもシェアを広げようとしのぎを削っていたアトランティック・シティのカジノはどこでも、この機に借入金をさらに増やそうという気になった。この観光地のカジノの中では安定した堅実なオーナーだったバリーまでが、今や借金に縛られ高い利息の支払いに喘ぐ四軒ものカジノ――ネバダに二軒、アトランティック・シティに二軒――を背負い込んでしまった。

また私にしても、スティーブとともに西部のミラージュに行くべきか、あるいはアトランティック・シティのゴールデン・ナゲット社にとどまって、借金を背負い込んだ昔の雇い主、バリーのために働くかの岐路に立たされた。だが私の腹は直ちに決まった。私の見るところでは、バリーがトランプに屈服した顛末《てんまつ》は明らかにお粗末な経営手腕としか思えなかったので、再び彼のところで働くのはもうご免だと思ったのだ。スティーブ・ウインとミラージュの方は――確かに胸の躍るようなチャンスだったが、家族を住み慣れた土地から引き離してまでネバダ州に移り住む気にはなれなかった。それに私の見るところでは、アトランティック・シティはギャンブル業にとって広大な未踏の地に見えた。こう考えてくると、自分が選ぶべき道は自ずとはっきりした。新しい年が明けて一九八七年、私は将来をアトランティック・シティに賭けることにした――つまりドナルド・トランプに。

2 会社を疲弊させるワンマン経営

売名行為のための、馬鹿げた騒ぎ

私がラスベガスにいるスティーブ・ウインに電話をして、ゴールデン・ナゲット社を辞めてトランプのところで働くつもりだ、とはじめて告げた時のことはよく覚えている。

「ジャック、頼むからどうか、そんなことはしないでくれ。そこへ行くのは駄目だ。ほかのところならどこでもかまわないけど、そこだけはいけない」

私には彼がどういうつもりでそう言うのかわからなかったし、いずれにせよ、私の心はすでに決まっていた。そのうえ、スティーブが専務のスティーブ・ハイドとマーケティング担当常務のマーク・エテスを引き抜かれたことで、トランプに心底腹を立て、彼を世間知らずのでしゃばり屋として追い払いたがっていることも知っていた。

「ジャック・デイビスに電話しよう」彼は当時リゾーツ・インターナショナルの社長をしていた男の名前をもちだした。「ジャック・デイビスに電話するよ。リゾーツなら即座にきみを雇ってくれるさ」

私は礼を言って断った。

だが、彼は真剣だった。「ジャック、きみは間違ってる」と言うと、業界内部でのトランプの評判をあれこれ口にした。つまり、彼はギャンブル業についてはずぶの素人であること、自負心が強くて気まぐれなこと、一緒に仕事のできるような人間ではないことなどを。スティーブが言うには、「彼にはだいたい自制心が欠けてるよ。スティーブ・ハイドは……あれも決して自己宣伝を恥じるような男ではないが、ドナルドのことをいつもふざけ半分に『トランペット』って呼んでいたもんだ」

トランプ・プラザでは、スティーブ・ハイドとマーク・エテスがそれとはまた別のトランプ像を描いて見せてくれた。この二人は私の最良の友で、私は二人を信頼していた。どちらにしても、私にはこの先どんなことになるか見当もつかなかった。でも、だからといっておじけづいていたわけではない。私は好奇心に溢れていた。トランプはスティーブ・ハイドが推薦したというだけで、私とは一度も会わずに雇ってくれた。そのことは私に好感を抱かせた。

そんなわけで、二月四日からはスティーブやマークと再び一緒に働けることになって私は満足だった。我々はまた同じチームを組んで経営に当たることになる。その使命ははっきりしていた。トランプ・プラザの逆転を図ってナンバーワンのカジノに仕立てあげるのだ。トランプ・プラザでは一九八六年には目ぼしいショーは一つも企画しなかった。それでもスティーブとマークは感心するほどうまくやりくりして、最低でも税込みで一五〇〇万ドルの収益が見込まれた。しかも二人は大変な障害に直面しながらこれだけの実績を上げたのだ。経営陣はトランプとホリデー社との決裂問題で割れていた。平社員は寄せ集めで訓練が不十分なために、各自の職務について確信がもてず、勤労意欲も乏しかった。このカジノには屋内駐車場はないし、設計もまずく、内装ときたらひどい代物だった。ホテルのスイートは、トランプが目指しているようなレートの高いギャンブル業と張り合うには、その規模も豪華さも不足していた。

だがスティーブとマークは、ほとんどゼロから出発してある程度の実績を作り上げるこのチャンスに張り切って挑戦した。二人の話では、トランプは思い通りにやらせてくれるし、彼らのやり方を完全に支持してくれるという。またここをギャンブル界で一流のカジノに育て上げるのに必要な出費ならいくらでも出す用意があるともいう。

スティーブの話によると、「私はこのカジノの面倒をみるためにここにきたんだし、あなたのために商売をしているんだって、ドナルドにそう言ってやったのさ。ボスに会うことはめったにないね。もしも彼が何か知りたければ、俺のところに電話してくるし、俺の方で何か必要なら、こっちから電話することにしている。そんなふうにする方が我々には向いてるみたいだ」

私が一番驚いたのは、このカジノと通りの向こう側にあるイバーナのトランプス・キャッスルとのややこしい関係だった。私は入社早々この関係について教育される羽目になった。

一九八七年の後半にドナルドの『トランプ自伝』が出版されると、両方のカジノは宣伝の意味で、新聞売り場にその単行本を並べるように要求された。ところが、その本が実際よりも人気があるように見せかけたかったのだろう、桁はずれに膨大な冊数を仕入れるよう要求されたのだ。トランプ・プラザでのマーケティング担当の役目として、私は一〇〇〇〇冊発注した。だがすぐに自分が間違いを犯したことを知らされた。

「もっとたくさん注文すべきだったんだよ」ある日スティーブ・ハイドにそう注意された。どうしてだと聞くと、「キャッスルの注文の方が多かったんだ。きみがもっとたくさん仕入れないと、ドナルドは頭にくるぞ」

「一体どうなってるんだ、スティーブ、競争かい？」

彼は頷くと、にやりと笑って答えた。「まあ、そんなところだな。向こうがたくさん注文する、こっちも負けずに仕入れる。ドナルドはどっちがたくさん売るか見たがっているのさ」

「あと何冊くらい増やせばよかったのかな？」

「両方のカジノへの割り当ては八〇〇〇冊だ。だからうちでは四〇〇〇冊注文しなくては」

「四〇〇〇冊だって！　スティーブ、それじゃ何千ドルもかかってしまう。どうやって四〇〇〇冊も売りさばくんだ。もちろん注文はするさ。きみがそうしろって言うんなら、二万冊だって注文するよ。けど、そいつを売りつくす約束はできないね」

そう言うと、彼もやはりそれが馬鹿げていると思っていることを私に知らせようとして、いかにもおかしそうに笑って見せた。彼はくすくす笑いながら言った。「きみの本職はマーケティングだろ？　自分でなんとか工夫するんだな。ああ、ところでジャック……一切返本は利かないからな」（売れ残った本は、出版社に返本できるのが通例だ）

私はスティーブに免じてあえて勝算のない企画を立てることにした。ありあまっているドナルドの自画自賛の自伝の売り上げ競争にトランプ・プラザが勝つ方法を工夫するため、マーケティング・スタッフに招集をかけた。みんなは地元の本屋を何軒も回って宣伝や陳列についてのアイデアを聞き出した。たとえば、自伝の表紙に描いてあるドナルドの肖像を引き伸ばした大判のカラー・ポスターを、ホテルのロビーなど人目につく場所に飾った。そうまでしても、自伝の売れ行きはかんばしくなかった。数か月たってもまだ我々は売りさばく手をあれこれ探していた。得意客のパーティで景品として配ったりもした。またニューヨークに何ダースも送ってドナルドのサインをしてもらってから、ひいきのギャンブラーに贈答品として郵送した。そのうちに誰かが、いい考えを思いついた。一九八七年の大みそかには全部の客室に、毎年慣例になっているチョコレートと一緒にベッドの折り返しにこの本を一冊ずつ置こうというのだ。「それで五〇〇冊はさばけるな。いいぞ！　それで行こう」

　このトランプの自伝騒ぎを通じて、ドナルドの自負心の強さが実際にどんな騒ぎを引き起こすかを私ははじめて知った。イバーナはおそらく誰よりもよくそれを心得ていて、はじめからあんなにたくさん注文したのだろう。スティーブはこれも営業コストのうちだと考えて納得していた。ただ、イバーナがプラザに対して度を越して競争心を燃やすのを気にして、マークと私にもそれを心に留めておくように注意した。彼女は無茶だと思われるほど、とめどなく営業コストを増やしかねない。スティーブとイバーナを隔てている溝の深さがようやく私にもわかりはじめた。

商売まで台無しにする「癇癪もち」

私が契約書にサインをした一九八七年のはじめには、トランプ・プラザでは、二六五〇台の車を収容できる一〇階建ての駐車場と、宙にかけられた囲いのある歩行者用の連絡通路の建設が順調に進んでいた。この通路はこの種のものとしてはアトランティック・シティ随一のものだった。駐車場からパシフィック・アベニューをまたいで、二階にあるカジノにやってくる客の通路になっていた。建設資金はおよそ三〇〇〇万ドル、トランプはそのうちの二五〇〇万ドルを、一九八六年春にこの施設を第一抵当にして発行した二億五〇〇〇万ドルの、一二・八七五パーセントの利付き社債でまかなった。

この社債の発行で調達した資金の大部分に当たる一億五三〇〇万ドルは、トランプ・プラザの当初の建設資金に当てられた。それとは別に、五〇〇〇万ドルが、ホリデー社が半分所有していた営業権を買い取るのに使われたが、残金の一七〇〇万ドルは七年間の分割払いという条件だった。残りの二二〇〇万ドルは運転資本としてプラザに投下した。この資金を利用して、イバーナのデザインを剝ぎとって内装をやり直し、ホテルのロビーを改装し、一四階から三五階までの四八の客室を豪華なスイートに作り替える計画だった。これらの客室のうち一九室は大理石と金で仕上げた超豪華版の「貴賓室」になる予定で、居間と食堂はもとより各種の酒を取り揃えたバーと温水浴槽がついているうえに、執事のサービスまでつけることになっていた。

スティーブやマークの話とは違って、ドナルドは改装工事がはじまった最初の一か月間は、毎日決まって顔を出した。私は彼の習慣や行動様式を直接見聞きすることができた。

彼は酒もタバコもやらない。彼の祖父と兄のフレディーはどちらもアルコール中毒だった。フレディーは四〇代で死亡している。

ドナルドはいつもダーク・スーツに赤かピンクのシルクのネクタイを締め、両脇に二人のたくましい用心棒、リンウッド・スミスとジム・ファーを従えて、施設の中を精力的に歩き回った。彼を見ようとして群衆が集まるのは避けがたかったが、彼が足を止めて彼らに声をかけることはめったになかった。たまたまギフト・ショップの前を通りかかったりすると、店に入ってチョコレート・キャンデーをつかみ取り、あとで食べるためにポケットに詰め込む。それからまたつむじ風のように慌ただしい巡回を続けるか、さもなければ次の会合に赴くのだった。

彼には潔癖症なところがあり、機嫌が悪い時には、どうかしてカーペットの上にタバコの吸い殻が一本落ちていたり、従業員が靴をひきずって歩いていたりすると、ものすごい勢いで叱りとばすことがあり、そういう時には必ず汚い言葉で罵倒するのだ。いつもその叱責の矢面に立たされるのはスティーブ・ハイドだった（はじめのうちはドナルドの言葉遣いに慣れるのになかなか骨が折れた。ドナルドは一向に気にしていないらしく、重役室の手前においてある秘書の机の端に腰を乗せて電話をかけながら、まるで周囲に誰もいないかのように、受話器に向かって野卑な言葉を連ねて大声で卑猥《ひわい》な話をしていることもめずらしくなかった）。

彼はアトランティック・シティでの用事を終えると、その日のうちにニューヨークに戻る習慣だった——が、たまには泊まることもあった。そんな折には彼は異常なほど精力的に見えた。ほんの一眠りしかしないらしいのに平気なので、超人的だと思われた。よく真夜中に目を覚まして階下に降りてくると、新聞売り場からポップコーンの袋をかすめ取ったり、ボディガードの一人を階下にやって、どこかのレストランからチョコレート・ミルクシェークの大カップをもってこさせたりする。ことに、前の晩に着ていたネイビーブルーのピンストライプのスーツを着たまま、朝ホテルのロビーに降りてきた時など、そのスーツを一度も脱がなかったことがありありとわかるほどしわくちゃになっていた。全然眠らなかったのではないだろうか？

私がトランプ・プラザに入って数週間後には、新しい一等客室に改装するため、最上階が閉鎖された。続いて、ホテルのロビーの改装工事もはじまった。新しい駐車場を完成させるために、唯一の屋外駐車場を一時閉鎖しなくてはならなくなり、駐車場がまったくなくなってしまった。

ドナルドは改築のせいで不都合が起きると絶えず文句を言った。「あそこはまるで『豚小屋』だ」とイバーナにこぼした。「経営はなってないし、ろくな稼ぎもない」我々にとって、とりわけスティーブにとってこの言葉は気に障った。奇妙なのは、この改築が重要なことはドナルドも充分わきまえていて、工事の進み具合については何もかもよく承知していたはずだからだ。私には彼がひどく忘れっぽいとしか思えなかった。また彼は絶えずせかせかして、一時もじっとしていない。彼の注意の持続時間は驚くほど短いこともわかった。言いたいことがあったらなんでも、さっさと話さなくてはならない。元々こうした気質であるうえにそれが野放しにされているときては、商売まで台無しにしかねなかった。スティーブは早くからこのことを悟って、マークと私に、我々の一番大事な仕事はトランプ・プラザのスタッフをドナルドの激しやすく気まぐれな性分から守ってやることかもしれない、とそれとなく匂わせた。

ドナルドがトランプ・プラザにいると、これもまた恐ろしい緊張を生む種となった。その年の半ば頃プラザでは、その名もずばり「クラブ」と称する、得意客専用のラウンジをホテルのタワーの最上階に設置する工事をしていた。すぐ真上の階に建設中だった一等客室にお湯を引くパイプを通すために、タイル張りの天井を一部分だけ一フィート足らずだが低くする必要に迫られた。ドナルドは天井が高いのを好んだので、この話を聞くと大声で罰当たりな暴言を吐いた。工事の見回りに「クラブ」にやってくるたびに、不機嫌になって悪態をつく。そのたびに低くした理由を改めて説明する。そうすると一応は納得するのだ。少なくとも変更するように指示したことは一度もなかった。そこで工事はそのまま続行された。

ついに天井は張り終えた。ある日曜日、ドナルドはスティーブをはじめ数名の役員や工事を請け負った業者のグループを引き連れて、仕上がりを見に上がった。ドナルドはまるで今はじめて眺めるような顔で天井を見上げ、次いでスティーブに視線を移した。「なんてこった！　こんなに天井を低くしろって誰が言った？」

「このことはご存じのはずでしょう、ドナルドさん。覚えておいででしょうが、それについては説明もしましたし、計画では……」

ドナルドは突然跳び上がって、こぶしでタイルを殴りつけた。そしてかっとなってスティーブの方に向き直った。「このごますり野郎め！　まったく見下げ果てた奴だ！　お前みたいな大馬鹿もんがどこにいる？　お前のいまいましい頭は一体全体どこについてやがるんだ？」

この調子でどれくらい続いたのかは知らないが、たまたまその直後に私はホールでスティーブが階下の重役室へ降りていくのを見かけた。ワイシャツも背広の上着も汗びっしょりで、気分が悪そうだった。彼は私の前を通りすぎて、オフィスに入った。私は後をついて行き、ドアに頭を突っ込んだ。「スティーブ、どこか具合が悪いんじゃないか?」

彼は机に肘をついて両手で頭を抱えていた。「ドナルドは『クラブ』ですっかり頭にきちまった。あの天井の工事はやり直しだ」

私はあきれて言った。「だってあれをやるには何週間もかかったんだぜ。やれやれ、これで終わったと思ったのに」

そこでスティーブは今起きたばかりの騒ぎの顛末を話してくれた。彼は二〇人もの人々、同僚や専門家の前で侮辱されたのだった。彼は辱めを受けても平然と受け流せるような質ではなかった。事実、その日の午後彼はプラザを出ていって、その日はもう帰ってこなかった。

「クラブ」は、ぜいたくなオーク材のパネルを使い、トップに黒い大理石を張ったバーを備え、雄大な海の眺望が楽しめる、すばらしい客室に仕上がった。だが天井は低いままだ。あの日以来、よほどの理由がない限りドナルドがこの部屋に足を踏み入れることはなかった。

3　大衆を嫌っていた「ヒーロー」

イメージ戦略は成功したが

ドナルドが「クラブ」で癇癪《かんしゃく》を起こした翌朝の月曜には、スティーブ・ハイドは何事もなかったような顔で、自分のデスクに戻っていた。だが、このちょっとした事件はスティーブに強い影響を与えた。彼はドナルドと話をする際も少しもびくびくしたところはなく、平静で落ち着いた態度で接した。あの日のショックが彼の体に、この億万長者の癇癪に対する免疫を与えたようだ。その結果ドナルドの機嫌のよしあしを察して、巧みに扱うことにかけては、私が知っている誰よりもうまくなった。

だがそれは一日中気の許せない仕事だった。ドナルドの気まぐれな気性のせいで、みんな気が散って仕事に集中できないからだ。彼は自社の役員が信用できないものだから、我々の不意をついて驚かすことがよくあった。ニューヨークにいるとばかり思っていると、だしぬけにプラザに姿を現す。それも午前二時、三時といった深夜のことが多く、一人でふらりとやってくることもあれば、お客をぞろぞろ引き連れてくることもあった。それが何時であろうと、その時我々が職場にいないと、翌日スティーブを呼びつけて、いったいどこにいたんだと問い詰める。自分がやってきた時にはいつでも、我々が当然そこで働いているものと思っているのだ。

そのうえ彼には、カジノのディーラー、ホテルの清掃主任、用務員、ドアマンなど従業員の誰彼を脇へ呼んでは、管理の仕方などについて情報を聞き出そうとする癖があるので、絶えず気を張っていなくてはならない。そうした話は我々の実績を評価する資料に使われたからだ。それより問題なのは、ドナルドの意見が最後に話を聞いた人間の忠告によってたびたび左右されることだった。勇気を出して彼に話しかけさえすれば誰でも、彼の考えに影響を与えうることが、私にもだんだんわかってきた。管理職のスタッフはスティーブを信頼して従っていたので、そんなことで我々の団結にひびが入るようなことはなかった。スティーブの沈着な手綱さばきと常に変わらぬ公正さとが、トランプ・プラザの士気を支え、ギャンブル界での一流を目指して攻勢をかける態勢を維持させていたと言えよう。

一九八七年の半ばには、プラザの抜本的な大改築はあらかた完成にこぎつけられた。新しい豪華なスイートはその大半が完成し、ロビーの改装もだいぶはかどった。駐車場は、アトランティック・シティが夏の観光シーズンを迎える、メモリアル・デー（五月の最終月曜日）に続く週末にオープンした。六月一五日、プラザは「海辺の闘い」と銘打って、最初の攻勢をかけた。コンベンション・ホールでのヘビー級チャンピオン、マイケル・スピンクス対ゲリー・クーニーのタイトルマッチである。

この試合をどこでやるかその「興行権」をめぐって、シーザーズ・パレスやラスベガスのヒルトンが競って入札価格をつりあげ火花を散らした結果、トランプ・プラザが競り落とした時には三五〇万ドルの高値がついた。だがそれだけの価値はあった。宣伝の意味でもビジネス上の分け前という点でも、莫大な利益があった。年はとっても人気のあるクーニーをチャンピオンがあっさり下すところを観戦しようと、六〇〇〇人ものスポーツ記者やジャーナリストがアトランティック・シティに押しかけた。

大勢の大物ギャンブラーが集まったという点では、我々の大胆な希望的観測をも大きく上回った。一二軒のカジノ（四月にショーボート・ホテル&カジノがオープンしていた）のうち一〇軒までが、自分のところの得意客にコンベンション・ホールでの試合を観戦させるために、プラザからチケットを購入した。この試合の入場料の総額は三〇〇万ドルに達し、これまでの市の歴史の中でも群を抜いて実入りの多い、盛大なイベントとなった。

試合が行われた土曜の夜は、プラザのクラップスやブラック・ジャックやルーレットのテーブルの賭け金の最低額は一〇〇ドルだった。バカラのテーブルでは、ゲームは最低五〇〇ドルにまで突っ走った。その日一日で、ゲームで張られたチップやマーカーの総額——賭博用語で「ドロップ」と呼ばれる——は、トランプ・プラザでは七〇〇万ドルを超えた。この額は、夏場の通常の営業収益の三倍に相当し、それまでにアトランティック・シティのカジノが一日でやり遂げた実績としては最高だった。このリゾート地に落とされた現金は五〇〇万ドルから一〇〇〇万ドルにのぼると推定された。

我々のマーケティング戦略の第一段階は首尾よく発進した。これによってトランプ・プラザに対する一般の人たちのイメージができあがり、そのイメージは第一級のボクシングの魅力と興奮に結びつくだろう。その夏のシーズンは、その後も信じられないほどうまくいった。

ドナルドもイメージの重要性は理解していた。ニューヨークで彼が成功したのは、結局はイメージのおかげだった。アトランティック・シティは一九八〇年代のはじめから半ばにかけて、大儲けができそうだという期待と事業家にとってはこのうえなく刺激的なギャンブル業の評判に沸き返っていた。ドナルドがどこよりもまずアトランティック・シティに進出したいという願いに駆られたのも、やはりそのイメージのせいだったと言えよう。ただし、イメージに対する彼の理解には限界があって、トランプのイメージが彼個人にどんな影響を与えるかという点にしか考えが及ばなかった。イメージを非常に個人的なものとして捉えていたので、彼の理解はほんの上っ面に止まっていた。

ギャンブラーの心理を逆なでしたトランプ

たとえばドナルドにはテーブル・ギャンブルやその背後にある理論を学ぼうとする意欲はなかった。ギャンブラーの心理が彼にはわかっていなかった。賭けのテーブルにつくためにわざわざ何千マイルも遠方からやってきて、ダイスを振るたびに何回でも繰り返し一万ドルずつ賭け続ける人間は、何か金以上のものに衝き動かされているのだ、ということが彼には理解できなかった。これは私もはじめは意外だったし、後には困ったものだと思うようになった。要するに、ドナルドのビジネスの手法はまさにギャンブラーの手法を思い出させた。その周囲にはまぎれもないロマンスのイメージが漂い、それが彼の名声の源にもなっていた。彼は超高層ビルの建設業者で、その名声はマンハッタンの輝かしい脚光を浴びてきらめき、何百万ドルもの取引は「芸術」の域にまで達している。そんな彼に、どうして裕福なギャンブラーの心理が理解できないのだろう、と不思議に思ったのだ。

そのうち、彼を動かしているのが金であることに気づいた。トランプは欲しいものはすべて、すでに手に入れていたに違いないが、それは知ったことではない。ドナルドの心が非常に単純な二つの極の間を行き来していることがだんだんわかってきた。「肯定」と「否定」、彼の言葉に従えば「勝者」と「敗者」しか存在しないのだ。事が落着した後に、どちらの側に現金の山が積まれているかによって、どんな物でもどんな人でも一方のカテゴリーか、さもなければもう一方のカテゴリーに分類されてしまう。彼の思案によると、ギャンブル界にとってハイローラーは貴重な存在だ、スロットの客より大切である、なぜなら、一人一人の客について言えば、賭け金のレートの大きいハイローラーの方が多くの金をカジノにもち込み、したがって失う金額も大きい、その結果客の側からドナルドの側に移るテーブル上の現金の山もそれだけ大きい、ということになる。

彼はこの単純な筋書き以上のことには、何があっても興味を示そうとしない。それはもっとも素朴なレベルでの貪欲さだった。その結果、極端に目先の利益にのみこだわった。一例を挙げると、ドナルドは勝者が賞金をすべてさらっていくスイープ・ステイクスやスロットでのジャック・ポット（大穴）を嫌った。比較的少ない元手で賭け手にがっぽり儲けさせるように見えたからだ。スロットマシンに客を惹きつけて定着させるうえで、この種の手段が重要なことがわかっていなかった。また、こうした大勢の平均的なギャンブラーたちを惹きつける雰囲気をカジノにかもし出すうえでの、有名ギャンブラーの役割を悟ることもできないらしかった。二万ドルを賭ける一人の客よりも、一〇〇〇ドルの元手しかない客二〇人の方が望ましいことも――二万ドルの客を失えばその二万ドルは丸々なくなってしまうが、一〇〇〇ドルの客をたとえ五人失ってもまだカジノの手元には一万五〇〇〇ドル残るのだから、後者を犠牲にしてまで前者を追いかけるのは愚の骨頂だということも――彼にはわからなかった。

ドナルドは成功した企業の一番基本的な教義――顧客の定着とビジネスの反復――を知らなかったのだ。ギャンブル業者は自分のカジノに客を連れてくるだけでは満足しない。客の身分とか、賭けの勝ち負けには関係なく、その客に何度でも戻ってきてもらいたがる。だが、とりわけその客が勝った時には、ぜひともまたきてほしいと願うものだ。ゲームの「つき」という点では、「時」はカジノの味方である。ゲームが公正に行われる限り、時は「胴元」に有利に働く。ギャンブラーは長い時間繰り返し賭け続けるほど、負けがこんでくる。したがって、次第に賭け金の額が三桁、四桁、五桁と上がってくると、そのギャンブラーをどれだけの時間そのテーブルで賭け続ける気にさせるかということが一番の問題になる。そこでそれを決定する要素として、カジノ側が賭け金の限度額やクレジットの期間、ホテルの客室、サービス、旅行の費用などをどの程度まで優待するかが何より重要になってくるのだ。

クラップスのテーブルで、ある客がダイスを振った時、一つの賽《さい》がたまたまディーラーの腕の上を転がってから下に落ちたのを目にしたことがある。その客は「腕の上に落ちたぞ！　腕の上で一度止まったんだ！　確かに四の目が出てた！」と叫んだ。そのテーブルの主任はスティーブを呼んできた。その場には一万ドルが賭けてあった。「勝ちをゆずっておけ」スティーブはためらわずに言った。そのうちいずれは逆にこっちが勝つことになるのが、彼にはわかっていたのだ。

ドナルドにはそこのところがよく理解できなかったようだ。彼の「時」に対する概念は、あっけにとられるほど短かった。ビジネスはほとんどその場で即決した。ほんの一握りでも金の山が客の側に移ると、ひどくやきもきする。一度大損させられた客とは、それ以後かかわり合おうとはしない。その結果、裕福な客を集めるうえで目立って力のある彼の名声は、絶えず無駄に浪費されることになった。私がトランプ・プラザで仕事をはじめてまだまもない頃気づいたのだが、高額の賭けをする得意客のために催すパーティや立食パーティなどで、ドナルド・トランプの出席が予定されていると、参加の申し込みがずっと多くなる。それなのに、彼はめったに出席しなかった。見当はずれのマーケットを狙って、ＭＴＶのビデオや「サタデー・ナイト・ライブ」の番組にはちょい役でも出演するくせに、一番儲かるはずの二〇〇人もの得意客とは、一時間ほどつき合うのも時間の浪費だと考える手合いなのだ。

このことは私がトランプ・プラザに入った最初の年に、彼と一緒にあるパーティに出席した折に思い知らされた。カジノに近づくにつれて、ドナルドがだんだん不機嫌になるのに気づいた。「まったく愚劣きわまる」彼は入りがけに、私に向かってぼやいた。そもそも出席するように彼を説得するのからして至難の業だった。彼は思い直してしぶしぶ出てきたのだ。

　会場の中に入った時も、彼は笑顔を見せなかった。ドアの近くに突っ立ったまま、ボディガードのリンウッド・スミスにビュッフェからダイエット・コークとストローを取ってこさせた。一人の得意客が近づいてきて、しばらく三人でしゃべった。その客がちょっとその場を離れたすきに、ドナルドは私に聞いた。「やれやれ、あいつはしょっちゅうここにきてるんじゃないだろうね？」

「ええ、彼は常連の一人です」私はてっきり彼が喜ぶとばかり思って、そう答えた。ところが彼は顔をしかめた。

　その時には数人の得意客がドナルドの周りに集まっていた。彼はだしぬけに、みんなに聞こえるほどの大声で、苦々しげに言い放った。「それはどういうことだ。いや、わかってるさ。あいつにはこっぴどく負かされたんだ。なんだってあんな奴をここへ呼ぶことにしたのかさっぱりわからない。あいつはここに足を踏み入れるたびに、勝ちをさらってばかりいるってのに」

　みんなはあっけに取られた顔をしていた。ドナルドはいらいらした様子で周りを見回した。大急ぎでダイエット・コークを飲み干すと、時計にちらっと目をやった。「時間だ。もう行くからな」それだけ言うと、挨拶もしないで出ていった。

　気まずい瞬間だった。だが、賭け手がつきまくって大きく勝った時には、ドナルドは決まってそんなふうに考えることに、私も次第に慣れてきた。同様に、ゲームがその反対の展開になった時には、嬉しさを隠さなかった。ある時ドナルドが得意客の一人に、カジノでの週末はどうだったかとたずねた。「いやそれが、あまりうまくいかなくてね。二五万ほどすっちまったよ」

それを聞いたドナルドは「そいつはいい……ほう、まったくすばらしい」と答えたものだ。

「禿は優柔不断のしるしだ」

こんなふうにあからさまに喜ぶものだから、大物の賭け手を大勢失う羽目になった。凄腕だという評判の中東のあるハイローラーから、得意客のパーティのあとで、ドナルドを負かしたために面と向かって文句を言われた、と不満を訴えられたことがある。彼は「ドナルドは本気で憤慨していたようだ」と言っていた。「ドナルドが本当に腹にすえかねるって言うなら、どうやら私はどこか他所のカジノでやった方がよさそうですな」

なかにはドナルドのそんな態度を面白がって、よけいに張り切って彼を負かそうと夢中になる賭け手もいた。ギャンブラーは大物でも小物でもみんな「つき」を信じている。そして自分の財布よりも、感情に左右されることがあまりにも多い。客をもう一度そのカジノにこようという気にさせるのは、カードの勝負で勝ったか負けたかよりも、勘とか「縁起のいい」物やテーブル、その人の忠実さなどのほかに、彼らがそこに滞在している間にどのような体験をしたかによるところが大きいと言える。ギャンブラーの自負心はどんな賭けをしたかという実績を基盤にしているので、彼らは挑んだリスクの大きさに従って評価してもらうことを期待している。

ある晩私は「クラブ」で隣に座った男から、本気でしかもひそひそ声でいつか殺してやるとすごまれた。私がボクシングのタイトルマッチでリングサイドの席を確保してやらなかった、と言うのだ。何よりもまずいのは、こっちがギャンブラーの財布を空にして追い返すことだけに関心がある、という印象を与えることだ。スティーブ・ハイドへの好意のおかげで、プラザではずいぶん大勢の裕福な客にひいきにしてもらった。またスティーブはトランプ・プラザの社長として、彼らとの個人的なつき合いを非常に誇りにしていた。ドナルドの振る舞いは大きな困惑の種だったが、スティーブはいつも感情を害した人たちのなだめ役に回った。

またドナルドは身なりにはいつも頭を悩ましていたが、その割には場違いな服装をしてきた。きちんとした身だしなみという点では、強いこだわりをもっていた。スーツしか着ないし、プラザの管理職にもスーツを着るように求め、デスクで仕事をしている時でも、上着を着ていることを望んだ。自分でも常にそれを実行し、ニューヨークのスタッフもそれに倣《なら》った。

マーク・エテスがトランプの服装規定をたたき込まれた話を思い出す。彼がトランプ・プラザに移った直後のこと、ドナルドとの面接に、何を着ていけばよいのかわからないまま、カジュアルなジャケットを着ていったことがあった。ドナルドは彼を睨みつけた。ハーベイ・フリーマンがすぐさま彼を脇に連れ出して説明してやった。「トランプ・オーガニゼーションではツイードのジャケットはご法度なんだ」

その後マークは、トランプ・プラザでまたもや規則違反をしでかした。土曜日の朝、その週末に滞在していた裕福なギャンブラーと一緒に朝食をとるためにやってきたのだが、気軽な親睦の席なのでそれにふさわしく、カジノのネームの入ったトレーナーの上下を着ていた。そこをドナルドが偶然通りかかって、彼を見かけた。その場ではマークに何も言わなかったが、あとでスティーブ・ハイドの自宅に電話をした——かんかんに腹を立てて。「うちの常務はプラザの中でジョギングにでも行くような恰好をしていたぞ。畜生め！　いったい奴は何をやらかしてるんだ？」

イメージにこだわるドナルドにしてみれば、ゆるんだネクタイは精神がたるんでいる証拠だった。彼にはくつろぐというぜいたくを味わうゆとりがなかったうえに、社員の誰にもそれを許そうとしなかった。だがドナルドがこの服装規定を従業員に押しつけたやり口すら、彼が所有しているすべてのカジノに対して自分の主義主張を強制したやり方にくらべればなんでもないものだった。

トランプ・プラザが改装中だった一九八七年のはじめのこと、客室を豪華なスイートに改装するのをロビーの改装より優先することに決め、ドナルドもこれを承認した。スピンクス対クーニーの試合がある週末には名の知れたギャンブラーが大勢殺到すると思われたので、彼らを一流の客室でもてなす用意をしておきたかったのだ。ロビーの方は改築をやりかけのまま放ってあったが、これは別段気にならなかったし、ここはハイローラーにはなんの関係もなかった。彼らは自室であらかじめ記帳をすませ、リムジンから直接スイートにさっと案内される。ロビーで過ごす時間はまったくない。こうした事情はすべてドナルドにも説明してあった。だが、試合のある週末にニューヨークから到着した彼は、それを忘れてしまっていたらしい。ロビーのありさまを目にすると癇癪を起こして、大声でののしり、スティーブ・ハイドを口汚く叱りとばした。あげくにイバーナにも不満をぶちまけ、トランプ・プラザを「便所」呼ばわりした。その週末の間中、彼は苦虫をかみつぶした顔をしていた。

ドナルドにとって、イメージと現実との間には常にずれがあった。彼のネクタイのウィンザーノットはいつもきゅっと喉を締め上げている。一方赤味がかった黄色の髪は、少しだけ目の上に下げ、巻き毛が耳とカラーにかかり、両サイドは、養毛効果があると信じているゼリー状のグリースで撫でつけていた。彼は禿《は》げるのを極端に恐れた。髪の薄くなった部分を隠そうとしている人のように、頭の前の方は髪を横に流してとかしつけている。彼はマークに向かって、禿《はげ》は優柔不断のしるしだと決めつけた。自分が使っているグリースのチューブをマークに差し出して「人間がすることで一番愚劣なのは禿になることだ」と警告したそうだ。まるで生まれつきの素質を、純粋に意志の力だけで阻止できるような言い草ではないか。頭にたっぷり髪の毛があるマークは笑いとばしていたが、ある日のこと、彼は机の引き出しから、そこにしまっておいたチューブを取り出して私に見せた。「ボスはなんだってこいつを俺にくれたんだろう？　きみにやるべきだったんじゃないか」

一般の人たちは「無視する」に限る

ドナルドの名声は、私の試みにとって計り知れない価値があるはずだったのに、彼は一般大衆を見下す態度を取るので実際には迷惑するばかりだった。彼のように評判を気にする人間にしては、これもまた矛盾した態度に思われた。

ホテルのロビーなど、一般の人が出入りする場所を彼と一緒に通り抜けていると、群衆の目が彼に惹きつけられるのに気づかないわけにはいかない。客が立て混んでいる夜など、みんな横手の通路や廊下に立ち止まって、彼が通り過ぎるのを見物していたものだ。安全な距離を保つことを本能的に知っているかのように、みんな目を見開いて突っ立ったまま、彼と図体の大きなボディガードに道を譲っているところは大した光景だった。ドナルドの無愛想な表情は、彼がいつも浮かべている特有の作り笑いと同じく、その顔に刻み込まれてしまっていた。

それは彼の機嫌のよい時でも同じだった――土曜日の夜はたいてい機嫌がよかった――土曜の夜のカジノはギャンブラーでぎゅうぎゅう詰めで、スロットマシンはじゃらじゃらと鳴り響き、賭けのテーブルは騒々しく活気に満ちていたから。「今夜はえらく繁盛しそうじゃないか、ジャック、そうは思わないか？」と同意を求める。もちろん、同意する。

そんなある夜、ボディガードを従えた彼のお供をして、カジノのあるフロアから彼のお気に入りのレストラン「マクシミリアンズ」のある階にのぼっていった時のことを思い出す。お互いに肘で突つき合ったり指さしたりしながら、こっちを見つめている人混みの中を縫って進む間も、ドナルドは先頭に立って、彼らのことなど気にもかけずに大股できびきびと歩きながら、二、三歩遅れてついていく私に絶えず話しかけていた。マクシミリアンズの入り口の前で立ち止まると、鷹揚《おうよう》な口調で言った。「階下に大勢いた客を見たかい？　うーん、今夜はまったくいい気分だ。今夜はすごく繁盛しそうだな。なあ、ジャック、そんな気がするよ」

ちょうどその時、中年の婦人が思い切ったように前に進み出て、「トランプさん、サインをお願いします。あなたの自伝を大切にもっているんです」と言うと、ハンドバッグから小さな手帳を取り出して彼の方へ差し出した。

たちまち、彼の機嫌は一変した。いらだたしそうに目を細める。邪魔をされて腹を立てていた。そこで彼女を無視して、レストランに入ろうとして背を向けた。彼女は戸惑い、そしておそらく聞こえなかったのだろうと思って、もう一度頼んだ。それで彼も仕方なくサインをしないわけにはいかなくなった。サインをしている間もカーペットに目を落としたまま、読みにくい字で何やらなぐり書きすると、彼女の方を見向きもしなければ一言も口も利かずに、手帳とペンを返した。商売に関係がないと見ると、礼儀を守るだけの忍耐ももち合わせていないらしい。

彼が大勢の人の中にいると落ち着かないのは、はた目にもありありと見てとれた。いくらかは、自分でも制御できない本能的な部分であったようだ。彼は伝染病、ことにエイズの不安にとり憑かれていた。時にはそれについてジョークをとばすこともあったが、減量のための特別施設ではジャグジー（数か所に噴出口のある噴流式気泡風呂）は使わないよう、トランプス・キャッスルの宣伝主任に警告するほど重症だった。したがって知らない人に触れられるのを極端に嫌った。誰かが近寄って彼の耳に何かささやこうとしたり、年寄りの婦人が彼に会いたくてスロットマシンから手を離して、ほっぺたにキスできそうなほど近寄ったりすると、思わず身を引くほどぴりぴりしたものだ。握手をするのも嫌がった。商売がら握手をしなくてはならないことも多かったのに、彼は一向にこの習慣に慣れなかった。彼はいつもそれがいやでたまらないと言っていた。

たまに群衆がちょっとでも近づきすぎるようなことがあると、脅えてうろたえてしまうほどだ。

この点ではイバーナの方が愛想がよかった。この問題はたびたび二人の言い争いの的になった。ある日の午後、二人でトランプス・キャッスルのホテルのロビーを歩いている時、ドナルドはこっぴどく彼女を叱ったことがある。イバーナと知って会いたがった得意客の二人の老婦人に、彼女は足を止めて挨拶した。その時、一人が大胆にも彼女の服に手を触れたのだ。二人が行ってしまうと、彼は大声で怒鳴った。「ああいう連中とは話をするなって、何百回も言ったはずだ」車に乗るために、下りのエスカレーターの方へと歩きながらもまだ怒りがおさまらず、ぶつぶつ言い続けた。「お前の考えはさっぱりわからん。なんだってあんな連中に平気で触らせたりするんだ？　ああいう人たちは無視しなさい。気にしないことだ。無視しちまえばいいのさ！」

私生活においてもカジノのマーケティング戦略においても、こうした一般の人たちを「無視する」ということが、ドナルドの人生観の礎石だったと言えよう。

4 対決を好み、競争をあおる

トランプ帝国に潜む暗い現実

一九八七年六月一五日のスピンクス対クーニーの試合は、それまでボクシングの試合の興行権を独占してきたラスベガスへの重大な挑戦となった。しかしトランプの方にしてみればこれは、ヘビー級タイトルの公式試合をかっさらってくる、という一段と大きな目標に向けてのほんの小手調べにすぎなかった。

ボクシングの公式の管轄機関は、正式にランキングされていないクーニーに対するスピンクスの勝利を認めなかった。一方その間に、破壊的パンチ力をもつ二一歳の恐るべきボクサー、マイク・タイソンが、立て続けに二つのヘビー級タイトルを奪った。一九八六年一一月にはラスベガスで、トレバー・バービックを第二ラウンドでノックアウトして、世界ボクシング評議会（WBC）のヘビー級タイトルが与えられた。その五か月後にはやはりラスベガスで、「ボーンクラッシャー（骨砕き）」の異名をもつジェイムズ・スミスと闘い、一二ラウンド終了後全員一致の判定勝ちとなり、世界ボクシング協会（WBA）も彼を世界チャンピオンとして正式に認めた。マーク・エテスがスピンクス対クーニーの試合の手配を進めている間も、我々が本当に手に入れたかったのは、スピンクスとあの恐るべきタイソンとの試合の興行権だった。その後マークの海千山千の抜け目のない交渉のおかげで、トランプ・プラザはお目当ての試合の独占契約を結ぶことができた。

マイク・タイソンは八月にラスベガスで、トニー・タッカーを一二ラウンドの判定勝ちで下し、国際ボクシング同盟（ＩＢＦ）のタイトルも獲得した。そして今度はトランプ・プラザの手で、新しいチャンピオンの二回のタイトル防衛戦が組まれた。一つは一〇月の対ティレル・ビッグス戦で、もう一つは一九八八年一月に予定された元ヘビー級チャンピオン、ラリー・ホームズとの対戦である。

一九八七年の夏にはトランプ・プラザの収益は着実に上昇した。契約を結んだ有名なボクサーが増えるにつれてこうした大試合も増えるものと予想して、今後の試合でよい席を確保してもらえるように「ランク」を上げておこうとする顧客が大勢押し寄せたのだ（ゲームをしているテーブルや「ピット＝賭場」で、監視員が一人一人のギャンブラーについてカジノにとっての経済的評価を査定しランクづけをする。いくらチップを買ったか、賭け金の平均額、ゲームをしていた時間などを記録する。カジノにとってのギャンブラーの評価――「旅費を出すに値するか」とか「賭けに使うと見込まれる金額」など――を決定するに当たっては、他の条件も勘案する。つまり、賭け手に対する胴元の利益を算定するには、特殊なゲーム上の理論のほかにギャンブラーの腕も重要な考慮の対象となる。同じ一〇〇〇ドルの賭け手でも、未熟な腕の人は腕の立つギャン

トランプ・プラザで開催されたマイク・タイソン（右）の試合
（写真：AP／アフロ）

ブラーより、ゲームに負ける公算が高いので上位に「ランク」される)。

通りの向こうのトランプス・キャッスルでは、イバーナが業績を上げるのに死に物狂いだった。一九八七年のはじめにドナルドはこんなふうに説明している。「イバーナは俺に劣らず意欲的で、キャッスルを経営するのは不利だと言い張っている。もっと部屋数が必要だって言うんだ。あれの言い分では、スイートの数が足りないために経営上損失を被っているし、キャッスルをナンバーワンにするのもそれだけむずかしくなっているそうだ。それだけのスイートを増築するには四〇〇〇万ドルはかかることなんぞ、彼女には知ったことじゃあないんだな。あれが関心があるのはただ、スイートの数が足りないばかりに経営上損失を被っているという事実と、キャッスルをナンバーワンにするのがそのせいで一段とむずかしくなっているってことだけなんだから。これだけは言っておくが、俺はあいつを相手に賭けをする気はないね」

その後の成り行きを見ると、どうやらドナルドは賭けざるをえなくなったらしい。イバーナは彼を説得して、キャッスルに現在あるホテルのタワーに並んで豪華なスイートを九七室増築させた。後に「クリスタル・タワー」と呼ばれることになるこれらのスイートは一四階建てで、地階にはダンスホールが、また一二階にはプライベートなクラブがあって、建設には三年近くを要した。建設費も驚くほど高額で、ドナルドの見積もりの四〇〇〇万ドルをはるかにオーバーすることがわかった。

この一件は、ドナルドのマーケットに対する読み違いと、アトランティック・シティで成功するための基盤についての理解が欠けていることを余すところなく示した例だと言えよう。またこれは私にとって、彼の企業帝国に潜む暗い現実を垣間見る最初の機会となった。そこには、利潤追求を目的とした事業経営をよそに、トランプの名前を喧伝するために現金を吐き出し、彼の信用を頼りに銀行や債券所有者から借金して次々に不動産の買収を続けている実態がのぞいていた。カジノは元々その性質上現金の湧く泉とも言うべき存在で、彼が所有しているあらゆる事業がカジノの現金収入に依存していた。だが、トランプの資産がすべて換金性の高い流動資産であるように見せかけるためには、高い粗利益を上げる必要があった。

実際トランプ・プラザの資本の流動性は高く、一九八七年のカジノの収益は、接待費の支出が三〇〇〇万ドル増えただけなのに、一九八六年を上回って二五〇〇万ドルを超えた。営業利益は一〇〇〇万ドル増え、純益は二〇〇〇万ドル増えて一七八〇万ドルに達した。これに対してキャッスルの接待費は前年より八〇〇〇万ドルも増え、トランプ・プラザの接待費の伸びの二倍以上になった。キャッスルのカジノの収益は前年より一五〇〇〇万ドル伸びたものの、一九八七年の営業利益は二〇〇〇万ドル減り、純益は三七〇〇万から一七〇〇万ドルに落ちた。一九八七年には、プラザのスティーブ・ハイド・チームの業績の方がキャッスルのイバーナ・グループより勝っていたのは明らかだ。

このような状況に対応して、ドナルドはプラザとキャッスルの両方に、アトランティック・シティの限られた一流客のマーケットを狙わせた。彼は愚かにも、同じ目標に向かって二つのカジノに競争をけしかけるのが、収益を上げる最良の道だと判断したのだ。

私がプラザに移ってはじめての夏に、すでに競争をけしかける最初の兆しが見えていた。その夏、ドナルドの四一歳の誕生日を祝って得意客の中から二〇〇人を選んで招待し、インペリアル・ボールルームでパーティを開いた。ドナルドもその夜はゆったりくつろいだ気分だった。彼は温かな拍手に迎えられてマイクを握り、挨拶した。「皆様ようこそおいで下さいました。お集まり頂きまして心から御礼申し上げます。皆様方が一人残らずキャッスルへもおいでくださるようお招き申し上げます。妻のイバーナがあそこで何をやりとげたか、ぜひとも一度ごらんになって頂きたい。あそこには美しい最高のスイートがある、とにかくすばらしいところで……今私どもはそれに加えてまた一段と……」

私はあっけにとられた。

彼は話し続けた。「ご存じのとおり、イバーナには年に一ドルだけ給料を支払い、あとは買えるだけの服を買ってやると言ってあるんですよ」これは何人かの笑いを誘った。「だが実のところ、あれはキャッスルでは世界一の仕事をやってのけております」

彼はこんな具合にしゃべり続け、プラザでかなりの費用をかけて開いたパーティの席で、その得意客を前にしてキャッスルを褒めちぎったのだ。こんなことはしょっちゅうあることで、プラザのスタッフはそのたびにがっくりして落ち込んだ。これは実際、みんなのやる気をくじいた。また客の方でもこれにはあきれていた。誕生日のパーティの席で私の隣にいたあるギャンブラーは頭を掻いて「いやあ、一体全体俺はどこにいるんだ?」と言い、冗談にマッチの箱をつまみあげ、ラベルをじろじろ眺めてからつぶやいた。「ここはてっきりキャッスルかと思った。なんだ、やっぱりプラザにいるんじゃないか」

ドナルドはキャッスルでも同じ手を使った。向こうでは、一九八七年のプラザの実績がキャッスルをしのいでいることを、駆け引きの材料にしたのだ。これはプラザの成功をイバーナの顔に突きつけて、彼女がマネージャーとして劣っていることを鏡のようにはっきり映し出して見せる結果になった。彼がやってくる前にはイバーナはいつも不安に陥り、一緒にいると目に見えて神経質になった。ドナルドは彼女のオフィスで、キャッスルとプラザの両方の管理職が閲覧することになっている、週ごとの収益表を見てねちねちなじるのだ。「ここんとこはいったいどんなへまをしでかしたんだ、え？　イバーナ」表の数字が不満だとそんなふうに責める。「ここはどうなってんだ？　まるで商売になってないじゃないか？」イバーナにとってこれは頭にきたことだろう。

スティーブ・ハイドにとってもこれはきつかった。一緒に働くようになってまもなく、スティーブはこう教えてくれた。「イバーナはトランプ・プラザを憎んでいる。忌み嫌ってるんだ。こっちの組織をがたがたにする手が何か見つかりさえすれば、ためらわずにそれを使うに決まってる。うちがうまい取引をものにするのを見ているくらいなら、むしろ商売敵に渡したいと思うだろうよ。彼女にとってそれはもう、抑え切れない衝動のようなもんだ」

コストを上げるだけの、身内競争

イバーナは精力的にプラザの得意客を追い回した。トランプ・プラザから客を奪うためならなんでもしただろう。マークと私は、キャッスルではうちの新しいお得意さんを嗅ぎつける、何やら秘密の機能を開発したに違いないと確信した。スティーブはそんな考えを一笑に付した。しかしマークと私は、コンピュータで打ち出すとか、プラザのデータ処理のプログラムの一部に何か操作を施したのではないかと考えた。プラザのファイルに新しい名前を書き加えたり、ホテルに誰かがはじめて予約を入れたりすると、それから何時間もしないうちに、決まってキャッスルのカジノのマーケティング部から電話が入り、その客の経歴とか信用調査についての情報を問い合わせてくるのだ。

イバーナが抱いている反感は、非常識とも言える域に達していた。うちでひいきの客に何か贈ると、向こうではそれより豪華なものを贈った。プラザが一〇万ドルの賭け手にロレックスの金時計を贈呈すると、キャッスルでは同じものを二つ贈った。これは双方のカジノにとって、ビジネスのコストを引き上げるだけの、無意味で馬鹿げた競争だった。ある時、イバーナはプラザでもトップクラスの賭け手に目をつけた。彼はスティーブの親しい友人で、昔はゴールデン・ナゲット社の常連だったが、スティーブについてプラザにくるようになった。この賭け手はクラップスでは最低でも五桁の金額を賭けた。キャッスルではニューヨークの代理店を通じて、何か月も彼に誘いをかけていた。後に彼が話してくれたのだが、とうとう彼は根負けして、一晩飲みにいくことを承知した。この報告を受けると、イバーナは彼の到着に備えて準備万端整え、カジノのマネージャーに彼のためにダイスのテーブルを予約しておくように指示した。それは一九八七年の夏の土曜日の夜のことで、シーズンのピークに当たる一番客が立て混む週末だった。

真夜中になっても彼はまだ着かなかった。だが、ドナルドはきていた。カジノは大繁盛で、どのスロットマシンも、そしてクラップスやブラック・ジャックのどのテーブルも賭け手で満員だった——ただ一つ、ダイスのテーブルを除いては。そこはロープで囲われて空席のまま、三人の顧客係が手持ち無沙汰な様子でそばに突っ立っていた。ドナルドは空いているテーブルを目にして、足を止めた。そのテーブルの主任を呼びつけた。「これはなんだ？　ここはどうしたんだ？　なんでこのテーブルを空けとくんだ？」

主任はカジノのマネージャーを呼び、彼が説明した。「そこは——というわけでとってあるんですよ、トランプさん」

「とってあるんだと？」ドナルドは聞き返した。

二人はぼうっとしてドナルドを見つめるばかりだ。

「妻はどこだ？　イバーナをここへ連れてきなさい」イバーナが現れると、やにわに彼女にはげしく食ってかかった。「一年のうちでも一番混んでる夜だってのに、よくも俺のテーブルの一つを使わずにおけるもんだ。お前がそんな馬鹿者だとは思わなかったよ。これでどれだけ損してるかわからないのか？　馬鹿な！　お前はひと財産ふいにしてるんだぞ！　こんなにあほらしくていまいましい話は聞いたこともない！」彼はテーブルを開けるように命じた。問題の客はその夜、キャッスルにはついに顔を出さなかった。

スティーブはこうした反目によるコストの上昇についてたびたびドナルドに文句を言った。だがドナルドは、イバーナに向かってはあれほどきびしい態度に出ておきながら、我々に対しては彼女をかばうのだった。

「だがねえ、スティーブ、競争するのはいいことなんだ、そうは思わないか?」ドナルドが彼にそう答えたのを覚えている。

スティーブは同意しなかった。

ドナルドはなおも言った。「いや、きみが思ってるほど悪いことじゃないさ。きみは自分の縄張りを守ろうとしてるだけだよ。それとも彼女の方がいい仕事をするようになるのを心配してるのかな? いったいイバーナのどこが気になるんだ? たかが女じゃないか。ビジネスのことなぞあいつにわかるわけがない」

ドナルドは対決が好きで、無理やり対決させたがった。「イバーナは相手をずっと引き離すまでは、絶対に満足しないだろうよ」

二四歳の愛人、マーラ・メイプルズ

プラザでは一九八七年一〇月一六日にコンベンション・ホールで、ティレル・ビッグスとのマイク・タイソンの初防衛戦を「栄冠をかけての激突」と銘打って興行したが、その当時ドナルドが所有する二つのカジノはこういった関係にあった。この試合は大当たりだった。タイソンが挑戦者をノックアウトで退けるのを見ようとその週末に押しかけたギャンブラーは、うちのカジノに七〇〇〇万ドルの現金を落とした。多くの名士――ロバート・デ・ニーロ、ダスティン・ホフマン、ロバート・デュバル、ジュリアス・アーヴィング、シュガー・レイ・レナード、ダリル・ホール、ジョン・オーツ、ジェームズ・カーンなど――が来場したこともタイソンの試合に劣らず壮観だった。ドナルドは好んで名士たちと並んでスポットライトを浴びた。彼は有名人とは、たとえばスティーブ・ハイドがもっていたような特別のコネがあるわけではなかった。スターたちが彼の名前に栄光を添えるが故に我慢して彼らとつき合っていたのだ。

だいたいドナルドはマンハッタンの社交界の人たちを毛嫌いしていた。彼にはカクテル・パーティで会話を楽しむ暇はなかった。ピカソの話より借金の交渉の方が性に合っていた。名士たちの方では、彼の横柄な態度をこっけいに感じていた。なかには、あいつは財布の紐がゆるいからつき合うんだ、と公言する名士もいた。そんなふうに言われるのも、彼のいい加減な投資や、彼をちょろまかしてカジノのショーに出る芸能人の出演料をぴんはねするのは簡単だというショー・ビジネス業界の内輪の定評のせいだった。

だが金持ちと有名人とは元来、お互いに親近感を抱いている。結局のところ、名士とドナルドとは似た者同士だった。彼らは富と権力があると認めた者は誰でも同じ仲間だと見なす。お互いから力を引き出そうとするかのように、お互いを探し出す。同じ理由で、名士たちはプロボクシングの試合を見て興奮することで力を養うのだ。イバーナはボクシングは野蛮で時間の無駄だと考えただろうが、ドナルドは好きだった。彼がビジネス以外に本当に興味を抱いたものがあるとすれば、それはボクシングだ。彼はボクシングの研究家だと自認していた。おそらく彼は自分のキャリアになぞらえて、ボクシングに勝つことも事業に成功するのも同じことだと見なしていたのだと思う。

その晩ドナルドの隣に座って試合開始のベルを待っている間に、私は彼に話しかけた。「試合が始まる前のこの数分間が好きなんですよ。神経がぴんと張りつめていて。ビジネスの競争に似てるような気がするんです。もっとも、リングに上がったらどんな気分がするのかはわからないから、本当にくらべることはできないでしょうけど。実際にリングに上がってみない限り、本当の意味でボクシングをやったとは言えないんじゃないかな」

ドナルドは私の方を振り向いて言った。「そんな……くだらない。どんなことがあっても、そんな気持ちなんぞ知りたくもないよ。たとえ一秒でも、あんな骨の折れるボクサーのまねをしようとは思わないね。顔にパンチを食らうなんて真っ平だ」

そうは言っても、リングサイドで観戦している時ほど楽しそうなドナルドは見たことがなかった。ドナルドの席は、全国の無数の屋内有線テレビの画面に彼の顔が映るような場所に確保する必要があった。また大切な得意客のためにも、彼の近くに上席を確保しておいた。

スティーブもたいていそのあたりに座っていた。ところがドナルドはいつも前歴の試合も見ようと早くからきて座っているのに、たいていの得意客は呼び物の試合になるまでは姿を見せない。これがドナルドの憤慨の種だった。

「誰か連れてきてこのあたりの席に座らせろ」

「ドナルドさん、それはできません。ここにお座り頂くお客さんは決まってるんですから」

「なんてこった、ラスベガスでどっかのとんまな野郎がこの試合を見ていて、ここが満員になってないって思われたらどうするんだ」

「ドナルドさん、まだお目当ての試合にはなってないんですから、どうかそれまで待ってみて下さいよ。その時になってもお客さんが見えなかったら、必ずその席を埋めるようにしますから」

彼は横目づかいにちらっと私をにらんで命じた。「ジャック、今すぐ誰かをここに連れてくるんだ」

そこで、上の席にいる観客を下の方の席に移す。その結果は当然ながら、席を確保しておいた得意客——その週末には五万ドルから一〇万ドルの賭けをしてくれるものと見込んでいたギャンブラー——がゆっくり姿を見せた時には、その席はもう埋まっているという事態になる。これは悲惨な結果をもたらした。

そのうえドナルドは自分が連れてくる客の人数のことでも絶えず悶着を起こした。彼はいつもこう言うのだ。「ジャック、三人分の座席を頼む、三つだけでいいんだ。前の席を三つとっておいてくれ、その周りにお得意さんの席を用意しとけばいいからね。いいかね？」

「わかりました、ドナルドさん。大丈夫です」

そう言っておきながら、一〇人もお供を引き連れて悠然と現れるのだ。そこで我々としては、その席に座ることになっていたギャンブラーを、クラップスのテーブルで何千ドルも損をさせたばかりだというのに、なんとかうまくなだめなくてはならない羽目になる。ドナルドが前の週にニューヨークのディスコ、レジーンで知り合った人物とか、ドナルドが内緒でつき合っている中でもとくにお気に入りの女性などに、彼の前列の座席が横取りされているのを見つからないように四苦八苦させられるのだ。

マイク・タイソンがティレル・ビッグスをたたきのめした一〇月の夜、ドナルドがこっそりつき合っている常連の女性がコンベンション・ホールに現れた。まったく人目を引かなかったが、当の二四歳のマーラ・アン・メイプルズはスターとして騒がれたくてうずうずしていた。その夜のエスコート役はトム・フィッツシモンズというニューヨーク市の元警察官で、モデルとか女優の卵にとって、プロデューサーが歓迎するような経歴の持ち主とは必ずしも言えない人物だった。だが、フィッツシモンズはニューヨークでマーラの出世を手助けできる人物の、運転手と時にはボディガードを務めていた——その人物というのが実はドナルド・トランプで、実際には彼女をその夜招いたのは彼だったのだ。フィッツシモンズが運転をしたりボディガードを務めている間に、マーラはドナルドとデートを重ねた。

しばらく前から、ドナルドとこのブロンド美人のモデルとの関係については、噂が耳に入っていた。スティーブ・ハイドの見るところでは、ドナルドはこと女に関しては「賭け手」だという。ドナルドは始終女の話をしていた。四六時中女を漁ってうろついているように見えた。「なあジャック、俺の好みは……ブロンドで足の長い女だ」とよく言っていた。

スティーブ・ハイドとの話の中でマーラのことがはじめて話題になったのはその秋も末の頃だった。出向いていたニューヨークでの『トランプ自伝』のサイン会での出来事を詳しく聞かせてくれたのだ。ドナルドは立ち上がって、そこに集まっていた記者たちに二言三言挨拶を述べたが、話をしながら会場の向こう側のベランダに立っている誰かにウィンクを送った。「彼がおおっぴ

ブロンドの髪が印象的なマーラ・アン・メイプルズ（右）とトランプ氏
（写真：AP／アフロ）

らにそんなことをするなんて、信じられなかったな」バルコニーを見上げると、そこにはマーラ・メイプルズがいて、ウィンクを返した時の様子を話しながら、スティーブはあきれていた。

ドナルドの生活に誰か特別な人が存在するのを知ったのは、その時がはじめてだった。それで納得がいった。彼はエイズをはじめ性交渉で伝染する病気を恐れていることは日頃から公言していたから、うがった見方をすれば、それ故に「安全」な女をちゃんと見つけておいたとも考えられよう。ドナルドは自分の名声を大事にし、名士であることに汲々《きゅうきゅう》とするあまり、結婚の枠に囚われてしまっていた。その頃のドナルドは、その気がありさえすればすぐに「情事の相手」が見つかるというわけにはいかなかった。その当時ドナルドとマーラとの関係がどの程度まで進んでいたにせよ、その秋には大統領選への野心の方が気がかりだったはずだ。

ビジネスとは裏腹の「日本攻撃」

七月にモスクワを訪れて帰国して以来、ドナルドは外交問題について公の場でたびたび発言した。彼は大衆受けする「強きアメリカ路線」を掲げ、核兵器削減交渉を推進する一方で、同盟国に甘すぎるレーガン政権を批判した。

九月に、ドナルドは『ニューヨーク・タイムズ』『ワシントン・ポスト』『ボストン・グローブ』の三紙に一面の意見広告を出し、日本を名指しで非難した。広告はドナルドからアメリカ国民への公開書簡の形をとっていた。書簡は、「アメリカ外交に欠けているのは気骨である」という書き出しではじまっていた。

　ドナルドは日本とサウジアラビアをきびしく攻撃した。アメリカのブルーカラーの苛立ちを感情的にあおり、貿易赤字を同盟国のせいにしていた。

「ここ数十年にわたって、日本をはじめとする国々はアメリカを利用してきた……我々が同盟国を保護するために費やしている金は日本やサウジアラビアに払わせるべきである。前代未聞の収益を生み出している国々からその幾分かを取り立て、わが国の農民や病人、ホームレスたちを助けようではないか。アメリカ人に課税するのではなく、これらの裕福な国々にこそ課税すべきである。アメリカの膨大な財政赤字を解消し、減税を実現しよう。自分たちの自由の代償を払うくらいなんでもない国々を防衛することから解放されれば、アメリカ経済はもっともっと成長するだろう。偉大なわが国が馬鹿にされるのをこれ以上許してはならない」

　ドナルドがアメリカ政府の財政赤字や貿易均衡をほんとうに気遣っていたとは信じられない。ドナルドの主要な取引銀行は一〇行あったが、そのうちの五つは日本の銀行であった（東京銀行、富士銀行、東海銀行、安田信託銀行、三菱信託銀行）。アメリカの対外負債の大きな部分はドナルド自身の不動産獲得によるものだった。ニューヨークやアトランティック・シティやフロリダにドナルドが建てた高級マンションやカジノは、日本人の顧客をかなり当てにしていたのである。

　広告代は九万四〇〇〇ドルだったが、その効果は九万ドル分をはるかに超えた。そのおかげで一九八七年の秋には、ドナルドの政治的野心に対してマスコミがいっせいに注目したことを思えば安い費用だと言える。しかし極東にトランプ・プラザを売り込む計画は、計り知れぬ足止めを食うことになった。

一九八八年の選挙でドナルドが大統領候補として立つと噂する人も出てきた。私はそれを考えるとぞっとして、スティーブに聞いてみた。「ねえ、こんな男がアメリカ国民の目をごまかして、正式の大統領候補だと思わせることができるものだろうか？」それは世間をあっと言わせる宣伝にすぎないのではなかろうか、と内心期待して質問したのだ。だがスティーブの答えはこうだった。「ボスは本気だぜ。あの広告で政界の水を真剣に試してるんだ。ジャック、景気が後退するようなことになれば、ドナルドが立候補することを決めたって、俺はちっとも驚かないだろうよ」

ドナルドがモスクワから帰って一週間後、ニューハンプシャー州の共和党組織の運動員がドナルドを大統領候補に推すキャンペーンを企画した。一〇月にドナルドの黒いヘリコプター、スーパー・ピューマはニューハンプシャー州、ポーツマスに着陸した。「ドナルド・トランプを大統領委員会へ」というロータリー・クラブの集会で、ゲストとして演説するよう招かれたのだ。彼が動員した集会の参加者は、その前に開かれたどの共和党候補の集会よりも多かった。彼は満員の聴衆に向かって、日本やサウジアラビアに「利用されっ放しの」アメリカにはもううんざりだとあじった。「我々からかすめとっているこれらの国々に、赤字分の二〇〇〇億ドルを支払わせるべきなのです」ここで大きな拍手が起こった。「それを求める方法はいくらでもあるし、わが国にそれを請求するしかるべき人物がいれば、相手もちゃんと支払うでありましょう」続けて彼は、アメリカはイランの油田を奪い取るべきだと提案し、聴衆はいっそう盛大な拍手を送った。

『ニューヨーク・タイムズ』はニューハンプシャーでの演説を報道し、後日ドナルドのニューヨークのオフィスに電話でコメントを求めた。秘書のノーマ・フォーデラーがその電話を受け、うちの社長は財政赤字とわが国の世界的地位の低下を、心から憂えていると答えた。「彼はママのつくるアップルパイみたいに、根っからのアメリカ人なんです。自分の国を愛してますわ」

5　コスト計算なき放漫経営

トランプの目算を狂わせた計画

ドナルドが資金ぐりの点で取り返しのつかない大失策をしでかしたのが明らかになったのは、一九八八年になってまだ二、三か月の頃だった。トランプス・キャッスルに増築した九七室の特等のスイートの仕上げにはイバーナが自ら采配を振るったため、途方もなく経費がかさんだ。増築した一四階建てのクリスタル・タワーには最高級の大理石二三枚をはめ込み、仕上げ材にはオークとマホガニーを使い、一〇〇あまりの窓のカーテン、壁、寝具、絨毯《じゅうたん》などに使われた布地はすべてウール一〇〇パーセントで、一平方ヤード当たり一〇〇ドルもかかった。また浴室の金の口金は一個一八〇〇ドルもした。この増築に加えて駐車場の屋上にヘリポートを建造し、隣にある州所有のマリーナの修理にも莫大な費用がかかった。さびれたドックに手を入れて、六〇〇隻のヨットが停泊できるマリーナと、海を一望できるレストランのある、サンタ・カタリーナふうの観光名所に改造する計画だった。完成の暁には、キャッスルではこのマリーナを年間三〇万ドルで貸すつもりだった。

スイートの建設費は当初四〇〇〇万ドルと見積もっていた。ところが建設に取りかかって半年経った年明けには、キャッスルの建設費の支払いに当てるため、ドナルドは五〇〇〇万ドルの銀行ローンを組む必要に迫られた。それでもまだ足りなかった。ドナルドの建築についての専門知識が評判とはほど遠いことは、トランプ・プラザの改築の折に思い知らされていた。今度はキャッスルの経営陣が同じ教訓を学ばされる番だった。そのうえドナルドは人の話を長い間注意して聞かないので、詳しい点まで彼と打ち合わせるのは無理だった。また彼の方でも相談をもちかけられるのは面倒がったし、細かい点まで口をはさむ気はまったくなかった。プラザにはスティーブ・ハイドという粘り強さと天分に恵まれた得がたい人材がいて、ドナルドが放っておいても問題点をはっきりさせて解決法を見つけだしてくれた。だがキャッスルは、それほど幸運に恵まれていなかった。一切がドナルドとイバーナの手にゆだねられているうちに、増築とマリーナの修理とで、予算を何千万ドルもオーバーしてしまった。ドナルドは両方の増改築の費用は、最終的には一億ドルを超すとにらんでいた。

すでに建築に取りかかってしまって今さら中止するわけにもいかず、ドナルドはこんなに法外な費用のかかる計画を承知してしまった自分に腹を立て、イバーナに八つ当たりした。始終イバーナのことを「どうしようもない奴だ」とぶつくさ言った。キャッスルで元側近だった一人から聞いたところでは、「あれがこれほど手に負えないあほうだとは思わなかったよ」とぼやいていたそうだ。

キャッスルで開かれる毎週定例の建築会議は、ドナルドが長々と弾劾演説を振るう場と化した。

彼は顔を出すなりひとわたりスタッフを怒鳴り散らしてしまうと、それでもう自分の監督義務はすんだと思って満足するのだった。何か問題や過ちがあっても、今さら改めるには遅すぎることが多かった。キャッスルに現れる回数が多くなるにつれて、ドナルドの苛立ちはつのる一方で、彼の態度はますます高圧的になり、がみがみと小言ばかり言うようになった。数人の役員を引き連れてホテルのロビーを巡回している時など、床にしみでも見つけようものならそこを指さして、「あそこが汚いぞ、ほら！」と叫ぶのだ。どっちを向いても何かしら気に障るものが見つかった。「あそこは駄目だ……あれはがらくた同然だ……みんな、どだいなっとらん。お前たちときたらなんの役にも立ちゃしない」という調子だ。

キャッスルを訪れたある日のこと、集会室の外に下げてある掲示板の前を通りかかった。「これをデザインしたのはどこのどいつだ？　こんな不細工な代物は見たこともない」と言うや否や、ホールの向こうまで掲示板を蹴とばした。再び外に出てマリーナに行けば行ったで、釘を打つ時にドックの厚板の端に何枚か割れ目が入ったという理由で、現場監督を叱りとばした。次いでカジノに行こうとして、渡してある板の上を歩いていて不意に立ち止まると、その板を水の中に蹴落とした。塗ってあるペンキの色が気に食わないと言うのだ。「ここはまるで便所みたいだ！」と言い捨てると、荒々しい足取りで中にとって返した。

それでいてドナルドはキャッスルに金をつぎ込むのを止めなかった、それも莫大な金額を。イバーナが采配を振るっているキャッスルでは、総収益に対する接待費の割合が市内のどのカジノよりもとび抜けて多かった。それでいてカジノの収益は市内で六位にすぎない。キャッスルは場所的に一番近いライバルのハラーズ・マリーナの三倍近い客が入って一見繁盛しているように見えたものの、その営業収益はハラーズの半分にも達せず、一九八七年から八八年にかけては四六〇万ドルも落ち込んで、一一パーセントの減益となった。

一方トランプ・プラザは、ドナルドにとっていたるところで必要な現金を提供してくれる、金の卵を産む鶏に育っていた。

一九八八年一月二二日の土曜日、プラザでは「歴史的ヘビー級タイトルマッチ」と銘打って、近年の元チャンピオンのうちでは最も光彩を放ったラリー・ホームズをタイソンにぶつけ、コンベンション・ホールでの過去最大の試合を興行した。トップクラスのボクシングのスリルに惹かれて、有名人がどっと押し寄せ、その一部の名を挙げただけでも、バーバラ・ストライサンド、ジャック・ニコルソン、カーク・ダグラス、ドン・ジョンソン、ピーター・フォーク、ブルース・ウィリスらの顔が見えた。

プラザでは、ラスベガスのシーザーズ・パレスに競り勝ってタイソン対ホームズの試合をアトランティック・シティにもってくるのに二〇〇万ドルを費やした。さしもの冬の冷気も、有名人と現なまがもたらす熱気と興奮で沸き返り、宣伝効果満点のめざましいショーになった。一万四〇〇〇人の観客がコンベンション・ホールに詰めかけ、カムバックを目指す元チャンピオンがタイソンの一発でノックアウトされ、リングの床に伸びてしまったのを目撃した。入場料だけで二六〇万ドルの収益があがった。試合の夜のテーブルでの賭け金は、八四〇万ドルを記録した。勝ち残った金額も二五パーセントをいくらか上回り、二四〇万ドルの儲けとなった。

チップさえも惜しむ億万長者

ドナルドがマーラ・メイプルズとともに過ごす時間はとみに増えていった。彼女はタイソン対ホームズの試合を見にニューヨークからヘリで飛んできた。今度もまた表向きのエスコート役は元警官のボディガード、トム・フィッツシモンズだ。私はこの時はじめて、イバーナがドナルドの浮気をなじっているという噂を耳にした。ドナルドの側近の一人からもれ聞いた話では、二人は試合見物のあと、おおっぴらに言い争っていたという。だが、ドナルドは思慮分別にも妻にもいい加減あきあきしていたので、イバーナがいくら怒ったり疑ったりしたところで、彼の浮気を押しとどめることはできなかった。

マーラが毎週決まったようにトランプ・プラザにやってきて、「フィッツシモンズ」の名前でチェックインして、一晩泊まったり週末を過ごしたりするようになると、いやでもホテルのスタッフの目につくようになった――マーラはドナルド好みの、足の長い曲線美豊かなブロンド美人で、ウェスト・サイズはファッション・モデルとしては申し分のない六サイズ、ぴっちりしたセーターと目を見張るようなレザーのミニスカートを好んで着ていた。みんなは、彼女はドナルドの知り合いで、たまに夕食をともにするような間柄だと思っていた。だがそれだけの関係ではなくて、実際はドナルドの愛人だということがだんだん知れ渡るにつれて、マーラがロビーをぶらついていると、従業員は猫も杓子も――ディーラーも事務員も秘書も主任も掃除夫にいたるまで

――それぞれの持ち場を離れて事務室やカジノやキッチンから出てきて、首を伸ばして見物するようになった。

私も一九八八年のはじめに彼女を見かけた時には、なんてきれいな人だろうと思ったものだ。だがそれよりも彼女がもっていないものに、私は心を打たれた。ドナルドの名前は金持ちと同義語になっているというのに、彼女はおよそそんな大金持ちの愛人らしくは見えなかった。高価な宝石の類いは何も身につけていなかった。服装も彼女のスタイルのよさを目立たせるような服を選んではいたが、とくに高価だとか流行の先端を行くといった感じではない。実のところたいてい同じ服を着ているみたいだし、だいぶ着ふるしているように見えた。そこへいくと、イバーナの方はずっと金のかかった立派な身なりをしていた――クロエのドレス、シャルル・ジョルダンの靴、きらきらしたダイヤのイヤリングやネックレスなど。夫から習い覚えた、耳障りでがさつな話し方は別としても、イバーナは人中で目立つ存在で、それがますます彼女の華美な服装を助長した。彼女は姿勢がよく威厳があり、洗練された物腰とスラブふうのきついアクセントで、常に自分の体や身のこなしを意識し、まるで外国を親善訪問した大統領夫人のごとく威風堂々としていた。

マーラの手持ちの服がドナルドの彼女に対する関心の程度を示しているのなら、今後の二人の関係はよくはないだろう――私はいつもそう信じていたが、もしかしたら間違っていたのかもしれない。今度もまた、彼なりの筋道立った理由があったのだろう。それにしても、四カラットの模造ダイヤの指輪を与えた折には、ドナルドはさぞかし答えに窮するような質問をされたことだろう。

それともドナルドは単にけちだったのかもしれない。まさかと思うだろうが、そう信じるに足るだけの理由はある。

トランプ・プラザにあるマクシミリアンズとかイタリアン・レストランのロベルトのような、ぜいたくなレストランでドナルドと一緒に食事をしたあと、私はウェイターがちゃんとチップをもらえるように、勘定書をこっちに回すようそっと合図することにしていた。ウェイトレス、ドアマン、メッセンジャーボーイはもとより自分の運転手にさえ、彼が絶対にチップを払わないのを知っていたからだ。そんなことは思いつきもしないのだ。本物の金持ちの例にもれず、彼も金は一切もち歩かない主義らしい。以前新聞記者にチップのことで注意されると、ふざけてポケットに手を突っ込んで裏返して見せた。ところが思いがけなく、しわくちゃになった一ドル札が二枚出てきたので、ひどくびっくりしていた。

しかし、そんなことはプラザのウェイターやカクテル・サービス係にとっては何の慰めにもならない。彼らはチップを当てにして暮らしているのだし、ことに億万長者の社長のテーブルについたとなれば、チップを当てにして精一杯サービスするのは当然だ。彼らの不満は私のところまで伝わってきた。私はドナルドには何も言わずに、食堂部の副部長にドナルドや彼の客の勘定書にはどれも二〇パーセントのサービス料をつけるよう指示した。こうしておけば少なくともあとから、ドナルドについたウェイターのところに引き返して、いくらかチップを渡してやらなくてもすむからだ。

それにしても、ドナルドの嗜好は質素と言えるほどつつましかった――夕食にはステーキかハンバーグ、それに簡単なパスタが一皿とダイエット・コークがつけばいい方だし、コークは病気の感染を恐れて必ずストローで飲んだ。あれだけの財産があっても、彼にはそれを楽しむだけの暇もゆとりもないらしかった。イバーナもその点ではドナルドと五十歩百歩だったと言えよう。だが彼女は裕福な暮らしとそのうわべの華やかさに憧れ、金持ちの有名人にふさわしく自分を磨くために努力していた。一方ドナルドには仕事以外のことに向ける時間はまったくなかったし、当面の問題以外のことにかかわる時間もめったになかった。絵や音楽にも興味がなく、読書もしない。趣味もなければ気晴らしもせず、自分をそんなに金持ちにしてくれた賭け事にちょっと手を出してみるということさえしなかった。別にこれと言って関心を惹くようなスポーツもなかったが、ボクシングだけは例外だった。

マーラと会うたびにドナルドとはあまりにも対照的だと思わずにはいられなかった――彼女は若々しく、ぴちぴちとして生気に溢れ、楽しむことに貪欲で、実業界に名を馳せたアメリカ随一の不動産王との情事が授けてくれる特権的生活を大いに楽しんでいた。

マーラは取り立てて聡明というわけではなかったが、粗野なところはぜんぜんなかった。笑い上戸でなんでも面白がる。南部訛《なま》りの母音をのばしたゆったりとした話しぶりにぴったりの、甘ったるい感じの女だ。そうはいっても、決して妖婦といったタイプではない。それどころか反対にものおじしやすく、はかなげな感じで、自分の世界に閉じこもって外のことには疎いようだ。そのせいか幾分あどけなく見え、それに年が若いせいもあって、ある種の魅力になっている。彼女はドナルドの名前を口にするたびに、女学生みたいにくすくす笑うのだ。ドナルドのことを、「優しいあなた」とか「かわいいあなた」とか呼ぶのだが、彼の出入りする社会とはおよそ不似合いな感じがした。マーラには教養が欠けていたが、そこが彼女の取り柄なので我慢できたし、それに彼女にはまぎれもないセックス・アピールがある。彼女に会った時、「成功した有名人」について本を書いているのだと話していた。私はまさかと思ったが、彼女はトランプ・プラザにくる芸能人の誰かにインタビューできるよう取りはからってくれと頼んできた。あとからドナルドが近寄ってきて言い添えた。「できたらなんとかしてやってくれないか。あれの気がすむようにな」そこでプラザの演芸部を通じてポップ・シンガーのジェフェリー・オスバーンへのインタビューをお膳立てした。彼は申し出に応じてくれ、舞台のあとで彼女のインタビューを受けたという。

妻イバーナへの冷たい仕打ち

ドナルドにとってマーラとイバーナは両手に花といった存在で、それぞれのタイプとしてどちらも理想的な「トロフィー」だった。それぞれが彼の生活の別の面を満たしていたので、二人ながらに必要だと考えていた。彼は今では望みさえすればなんでも手に入るところまでのぼりつめていて、もてるとは思わなかったもの——魅力的な妻の他にすばらしい愛人——を追いかけるのに明らかに夢中になっていた。だがこの取り合わせはどう見ても似つかわしくなかった。マーラは若くていきいきしているのに、二人で一緒にいるとドナルドの方はいかにも中年といった感じで、陰気で爺むさく見えた。

イバーナの方は厳格で融通の利かない性格、威圧的な感じがするほどだ。態度は洗練されてはいるが、どことなくわざとらしい感じで、モデルが花道でポーズをとっているような、つんと澄ましたところがうかがえた。ドナルドは彼女のそんなところが鼻について嫌気がさしてきたようだ。当初はそういう妻であってほしいと願って、自分でイバーナをそのように仕立ててあげておきながら、仕事のうえでは同僚で、社交面では秘書役で、しかもライバルでもある妻にうんざりしてしまったのだ。

二人の結婚は、せいぜい仕事上のパートナーといった関係に堕してしまい、それぞれが別々の日程に追いまくられて暮らしていた。一九八八年の春にはクリスタル・タワーが潰滅的な失敗に終わり、キャッスルの損益が増えるにつれて、そのパートナーとしての関係までがあやしくなってきた。ドナルドはただぐずぐずと惰性で結婚生活を続けていた。二人は人前ではほとんど口を利かず、互いの体に触れたり、優しい言葉をかけたりすることもなく、いつも何フィートか離れて歩いた。

社交的な集まりでは、ドナルドは絶えずいらいらして不機嫌で、結婚の体面を保って愛想よく振るまってほしいというイバーナの願いは、いつも踏みにじられた。

ある時イバーナはマール・ア・ラゴでの特別の週末を計画した。キャッスルの選り抜きの得意客一六人が夫婦づれで招待され、飛行機でやってきた。客はみな親譲りの資産家ぞろいだ。イバーナは大食堂での正式の晩餐会のホステス役を務めた。

その日の昼前に客たちはブランチをとるためにテラスに出ていた。ドナルドはそこへちょっとだけ顔を出した。おそらく頭の中ではこの週末の招待に要する費用を計算していたのか、イバーナには言葉もかけなかった。客への挨拶も、「みなさんアトランティック・シティでは、うちのブレインをさんざんやっつけてくださったそうですな」といささか趣味の悪いお得意のジョークをとばしただけで、「とにかく、ありがとう。あんまりつきまくらないでくださいよ」と言い添えると、失礼すると言ってニューヨークへさっさと帰ってしまった。

その夜イバーナは夫がいないので、豪華な晩餐の食卓の上座に座った。三人の子供たちが入ってくると、そのまま引き留めて席につかせた。彼女は実に冷静に振る舞い、あでやかに笑いながらローデラー・クリスタルのグラスに口をつけ、晩餐を楽しんだ。どこから見ても完璧なホステスぶりだった。

だがイバーナがアトランティック・シティに帰ると、ドナルドはキャッスルの業績が下がっていることについてまたちくちくと皮肉を言い、プレッシャーをかけた――私が聞いた話では、ドナルドは「彼女を破産させて、立ち上がれなくさせる」戦法だということだった。

三月になって、ドナルドはマンハッタンのプラザ・ホテルを買い取った。

セントラル・パークの真南に当たる五番街にあって、八二年の歴史を誇るプラザ・ホテルの買収には、四億ドルはかかったと推定され、ドナルドはそのほとんどすべてを借金でまかなった。そのうえさらに、ホテルの改修費として二五〇〇万ドルから五〇〇〇万ドルのローンを組んだ。

合計すると、彼はこのホテルを抵当に少なくとも一〇パーセントの年利で四億三〇〇〇万ドル借りたことになる。これだけのコストに見合うだけの業績を上げ、さらに利潤を生むためには、年間を通して毎晩八一四の客室すべてを一室五〇〇ドルで貸さねば引き合わない。

買収を取り決めた同じ月に、彼はイバーナをこのホテルの社長に任命した。前もってイバーナの了解を取りつけていたかどうかは疑わしい。この任命の直後に、キャッスルでは「トランプ夫人は今後もトランプス・キャッスルの最高経営責任者として留任する」という声明を発表している。

だがドナルドにはそれとは別の思惑があった。その後まもなくある日の午後、彼はイバーナとスティーブの二人をトランプ・タワーのオフィスに呼びつけ、アトランティック・シティの経営陣を再編成する構想を明らかにした――イバーナはニューヨークに戻ってプラザ・ホテルの経営に当たり、スティーブはドナルドが所有するすべてのカジノの最高経営責任者に昇格する。イバーナはあらかじめ釘をさされていたに違いない。その日スティーブには何も言わなかった。

そういうわけで、キャッスルではイバーナがアトランティック・シティに留まるという発表があったその同じ週のうちに、一転してイバーナの辞任が発表された。

スティーブが未完成のタージ・マハール（リゾーツ・インターナショナルが世界最大規模をめざして建設中だったギャンブル・リゾート施設。ドナルドはリゾーツの買収をマーブ・グリフィンと争った末に、この四月に取得に成功していた）を含むすべてのカジノを取り仕切ることになるのに伴い、キャッスルの経営はポール・ヘンダーソンにゆだねられた。彼はその前年にバッキー・ハワードの代わりに雇われていたが、今回社長に任命された。マーク・エテスはトランプ・プラザの社長兼営業担当役員に昇格し、私は彼に次ぐ二番目の地位である専務に昇進した。

一九八八年五月一九日木曜日の午後、イバーナは簡単な儀式でキャッスルの三八〇〇人の従業員に別れを告げた。その前夜にはボールルームの一室で、役員たちを招いてもっと内輪の送別会が開かれた。カクテルとオードブルで一三〇人ほどの客が集まった。イバーナは会場のステージで挨拶をしながら感極まっていた。みんなが一生懸命働いてくれたことに感謝し、「一人一人と別れるのが悲しくて」と声を詰まらせた。話しているうちにそっとすすり上げてしまったが、それはほんの一瞬のことだった。涙を収めてみんなに別れの言葉を述べると、演壇の隣の席に戻った。

次いでドナルドがマイクに向かった。彼は妻の方を向いて言った。「ご覧の通りの始末です。私は三億二〇〇〇万ドルも出してこのホテルを買わされたあげくに、妻をこんな席に出席させて泣き顔を見る羽目になりました。これだから、妻をニューヨークに連れ戻すことにしたのです。こんなことはもうたくさんだ、泣いている女には用がない。ここをきちんと取り仕切ってくれる強い男が必要なんです」

みんなは不意にしーんとなってしまった。ドナルドはあわてて言い添えた。「いや、実のところ……妻にはいささか荷が重すぎたようですな。妻にとっても家族にとっても、きつかったと思うんですよ」

イバーナは頬の涙を拭った。夫の言葉で傷ついたとしても、そんな素振りを人前で見せるような女ではなかった。だが、ポール・ヘンダーソンは彼女を弁護しようと、急いでマイクに歩み寄った。「わたしはイバーナ社長のもとで大変楽しく働かせてもらったと申し上げねばなりません。彼女ほど申し分のない社長は、これまで働いてきたどの会社にもいませんでした。社長がいろいろ教えて下さったことに心から感謝申し上げます。彼女には実際……私が思いますのに、みんなを自分と同レベルまで引っ張り上げる独特の能力があって、私がこれまで働いてきたどの会社も、また仕えてきたどの社長も、その点では彼女にかなわないでしょう」

食べ物の並んだテーブルの脇で客に交じってぶらついていたドナルドは、だしぬけに振り向いてぎらぎらした目つきでヘンダーソンをきっと睨んだ。

6 冷酷非情な「取引の達人」

トランプが落とした「爆弾」

一九八八年六月二七日、ベルの響きとともにドナルド・トランプのカジノの攻勢はその頂点に達した。マイク・タイソンとマイケル・スピンクスがヘビー級タイトルの栄冠を目指して闘うべく、それぞれのコーナーから姿を現した。トランプ・プラザでは「ただ一度かぎりの決戦」と銘打って、史上に残るタイトルマッチを鳴り物入りで興行した。コンベンション・ホールには二万一〇〇〇人のファンをはじめ、新聞記者やテレビのレポーターやカメラマンが一五〇〇人も詰めかけ、リングサイドの席は一五〇〇ドルにもはねあがった。

この試合に先立って一年近くも繰り広げられたすさまじい競り合いの結果、試合の興行権の入札価格は天井しらずに高騰した。その年のはじめの一月から二月にかけて、シーザーズ・パレスとラスベガスのヒルトンは猛烈な競り合いを演じて八〇〇万ドルの高値をつけた。だが、マークはすでにマイケル・スピンクスのマネージャー、バッチ・ルーウィスと、タイソンの二人のマネージャー、ビル・ケイトンとジム・ジェイコブズと交渉して、二人のボクサーを「第一拒否権」

の条項を含む契約で縛っていた。プラザとしてもどこよりも高い値をつけて張り合わねばならなかったが、果たしてドナルドがどこまでの値をつける気か危ぶまれた。だが、スティーブ・ウインがゴールデン・ナゲット社を代表して競りに加わるに及んで、この勝負はプラザで競り落とせるのが確実になった。ドナルドはこれを耳にすると、「一〇〇〇万ドルの値をつけよう。しくじるんじゃないぞ。必ずうちで競り落とせ」と指示した。何につけてもスティーブ・ウインをしのぎたいのだ。

落札価格は一一〇〇万ドルだった。これはボクシングの試合としては史上最高の高値である。契約は二月末にまとまった。このニュースがトランプ・プラザの社員に伝えられると、カジノのフロアではマークがみんなの拍手を浴びた。マークは、トランプ・プラザはマーケティング競争史上に「確固とした教訓」を与えたとぶち上げ、「この日はアトランティック・シティにとって、新たな時代の先駆けと見なされるだろう」と結んだ。

スティーブ・ハイドは記者たちに向かって「今頃ラスベガスじゃ、べそをかいてビールを飲んでいる連中がいるんじゃないかな」と軽口をとばした。

ところが六月二七日の夜の試合は、一分かそこらであっけなくけりがついてしまった。はじめから目に見えて脅えていたスピンクスは、第一ラウンドがはじまって数秒のうちにタイソンの左のフックでふらふらになり、次いで右のフックを食らって完全に戦意を失ってしまった。ロープで背中を支えてぐったりし、そのままずるずるとシルクのトランクスの尻を落とした。わずか一分三一秒の勝負だった。記録的な数の観衆はまだその大半が席につきかけたところだった。ラスベガスではこの試合を「爆弾」と呼んで嘲《あざけ》った。

マークは「こんな爆弾なら毎年落としたいもんだ」と切り返した。実際そう言えるだけのことはあったのだ。その週末、トランプ・プラザのテーブルで張られた賭け金の総額は一八〇〇万ドルを超えた。賭け金のうちから、カジノ側は二〇〇万ドルあまりの儲けを手にした。この試合のあった六月が含まれる一九八八年の第二・四半期には、プラザの純益は八五六万二〇〇〇ドルだった。その前年の同じ期間の純益は四〇万四〇〇〇ドルしかなかった。

市内の他のカジノでも、その宣伝効果は言うに及ばず、ギャンブル収入や商品の売り上げやレストランやホテルの収益のうえで莫大なおこぼれにあずかった。その週末には市内の一二軒のカジノでは四〇〇〇万ドルにのぼる稼ぎがあり、市はじまって以来最高の週末となった。事実、プラザのライバルである同業者たちが『アトランティック・シティ・プレス』に全面広告を出し、「トランプ氏に感謝する」という声明文を載せたほどだ。また、入場料――これはトランプ・プラザの収入となる――と特定の施設や個別の番組ごとに契約する方式の有線テレビの放送料――これはプラザには入らない――とを合わせると七〇〇〇万ドルにのぼり、ボクシング史上最も実入りの多いイベントになった。有名人を大勢動員した点でも目覚ましかった。実利的にみても、その夜はアトランティック・シティにカジノが開かれて以来の、飛び抜けた賑わいを見せたと言えた。

鼻もちならなかったスター意識

その夏の半ばには、プラザでのドナルドとマーラの逢い引きは日課のようになっていた。ドナルドは何時間か仕事をすませると、マーラのいる階のスイートに姿を消してしまう。そのあと彼の出席が予定されている会議や仕事のために、当然もう一度降りてくるものと思っていると、「俺を当てにしないでくれ。そっちに顔を出す気はないから。降りてはいかないよ」と言うことがよくあった。夕食——彼はステーキかハンバーグにパスタを一皿、彼女はエビかカキにシャンペン——はたいてい部屋に運ばせた、それというのもドナルドがマーラと二人だけでいたがったからだ。

ところがマーラの方では、だんだんとスイートに閉じ込められていることに不満をもらすようになった。スティーブに、ドナルドを夕食に誘ってくれるように頼むのだ。彼の誘いならドナルドは必ず受けるに決まってるし、そうすれば彼女もレストランで食事ができるというわけだ。スティーブはいつも失礼にならないような口実を見つけて断った。彼はマーラのエスコート役を務めるのは断ったし、プラザの役員にもそんな役目を無理強いされるいわれはないときっぱり言い渡した。ドナルドと愛人のそばにいるとろくなことにならないと考え、みんなにもなるべく二人を避けるよう忠告した。だがいずれにせよ、みんなは用心していなくてはならなかった。ドナルドは絶えず誰かをカムフラージュに使おうと狙っていて、マーラと一緒にカジノのフロアを横切るだけでも誰かを一緒に歩かせようとした。そのやり方がまた巧妙だった。私が二人と一緒の時だった。ドナルドの隣を歩いていたら、彼はいつの間にかそっと後ろに下がって、気がつくと私がマーラのエスコートをさせられていたのだ。

マーラの影響のせいか、それとも彼の名声が爆発的に高まったためか、ドナルドは極端なまでにスタイルを気にするようになった。食習慣はくるくると変わり、むさぼり食べたかと思うと何も食べずにいることを周期的に繰り返すようになった。何日も赤身の肉ばかり食べていたかと思うと、何も食べずにいたり、次には何日もキャンディーとポップコーンしか食べなかったりする。

彼はますますボディガード、とりわけアトランティック・シティの筋骨たくましいリンウッド・スミスとジム・ファーとを頼りにするようになった。この二人はいつも彼のかたわらを離れなかった。いつも身の安全を守るために万全の注意はしていたものの、決してびくびくしているようには見えなかった。時にはこんなふうにぼやくこともあった。「世の中どこか狂ってるよな、こういう連中が必要だなんて。何が起こるかわからないときてるんだから」

だが、自分の行動を特別秘密にしておくことはなかった。私が聞けば、その日の予定を全部詳しく教えてくれた。彼はおしのびで行動したい時にもボディガードを忘れなかった。アトランティック・シティにくる時にはたいてい空路を利用し、スーパー・ピューマで降り立った。そんな場合にはVIPサービスを担当しているカジノのマーケティング部は、空港にリムジンを待たせておくよう指示された。リンウッドとジムはその車に同乗するか、またはホテルのロビーで彼の到着を待つことにしていた。だが、彼は時には気まぐれに行動してみんなをあわてさせた。「イバーナ」と大書してある、ニューヨーク・ナンバーのメルセデス・ベンツ・コンバーティブルを自分で運転してきたことも二回ほどある。一度などは、どこの車かもさっぱりわからないようなおんぼろ自動車のハンドルを握って真夜中に一人で乗りつけ、トランプス・キャッスルのスタッフを驚かせた。

彼にとってボディガードの真の価値は、彼らがかもし出すイメージにあったと言える。ある晩ドナルドとマクシミリアンズで食事をしていた時に、そのことを痛感した。

彼は会話を中断して椅子の背にもたれ、隣のテーブルにいるリンウッドとジムを皮肉った。「やれやれ、あの連中はなんていう生活をしてるんだ……ステーキを食べながらも、きみから目を離さない……」そう言うと私の方に向き直った。「先を続けたまえ、ジャック……何か言いかけてたじゃないか」フォークで肉片を突き刺してケチャップに浸けると、口にほうり込む。私は言いかけていた話を続けた。彼は聞いてはいたが、またしても不意に二人のたくましいボディガードの方に目をやって、冗談口を叩いた。「群衆が少しでもずうずうしい態度に出れば、どっちも腕力を振るうのをためらうようなタイプじゃない」ドナルドは機嫌よくしゃべり続けた。「あの連中は根は気のいいやつらなんだが、時々調子に乗りすぎるんだな。……けどあいつらにはそれも必要なんだよ、ジャック。時には群衆をちょっとばかり手荒に扱うのも役に立つんだ。なにしろ偉そうに構えていないとね。俺の言う意味がわかるだろ？」

彼はボディガードのことを、忠実な二匹の犬に対して抱くような愛情をこめて、よくそんなふうに語っていた。このリンウッドとジムの二人、とりわけリンウッドは彼のお気に入りだった。

リンウッドは忠実で信頼に値し、自分の職務を心底から楽しんでいた。ボスがいない夜は遅くまでカジノを見回り、どのフロアも清潔かどうか、また管理職のうち誰が出ていて誰が休んでいたかなど、逐一ボスに報告するのだ。

ドナルドのスター意識は最高潮に達し、いやがうえにも燃え上がっていた。新聞や雑誌に出た自分の記事にみんなの注意を惹きたがり、それが今最新の話題であるかのように、しばしば自分の話をもち出すほどだった。

サラブレッドの前途をふいに

だがその夏、ドナルドは身近なお膝元で手ひどい損失を受けた。そもそもプラザが賭け金の高いギャンブラーの世界的マーケットに割り込むのに成功したのは、一番儲かる得意客がほかならぬこの土地にいたからだ。その男は競走馬のブローカーで、明け三歳馬を買って訓練し、厩舎のカラーが決まるばかりに育てて、売り渡すのが仕事だった。この数年間に何頭もの優勝馬を育て上げ、世界的に名が売れていた。

彼はクラップスで一回のトスに一万ドル賭けるのが好きだった。もともとはゴールデン・ナゲット社の得意客で、スティーブや私ともそこで知り合ったのだが、我々についてトランプ・プラザに移ったのだった。彼はスティーブのことを高く買っていた。そのうえトランプの名前についても「神秘的な雰囲気がある」と言って、その名声を楽しんでいた。彼はギャンブルをする回数が多いうえにいつも負けてばかりいるので、きわめつけのハイローラーだと言えた。この三年間に彼がプラザで負けた金額は、一三〇〇万ドルを超えた。これだけあれば、ニューヨークにあるドナルドの高価なマンションを一ダースは買えただろう。

有名なドナルド・トランプを王侯貴族のスポーツである競馬に引き込めたらすばらしいと考えたこのブローカーは、一九八八年の春にスティーブを通じて、ケンタッキーで買い入れたその明け三歳の子馬を売ろうと申し出た。この馬は、彼の好んで使う言い方によれば、「高貴の育ち」で、アリバイという名だった。アリバイには三冠王になれる実力があり、その秋のベルモント・パークでの「フューチャリティ」と、チャーチル・ダウンズで行われる「シャンペン・ステークス」と格式ある「ブリーダーズ・カップ」に出場する予定だった。これらのレースのうちどれか一つでも優勝すれば、それだけで「その年の最優秀三歳馬」に選ばれる最有力候補になれるのだ。その後には、翌年の春の「ケンタッキー・ダービー」に出ることになる。

トランプと競馬のレース！　スティーブは瞬時にその宣伝価値を悟って、その申し出をドナルドに取り次いだ。聞くところによると、その馬はダービーで勝つ見込みがあるという。また一つ「トロフィー」が手に入るわけだ。ドナルドは五〇〇万ドルという言い値を聞いて、買うことを承諾した。最初のレースに勝てば、その三倍もの値がつく馬だ。取引は、ニュージャージー州の海沿いの上空、スーパー・ピューマの機内で結ばれた。ドナルドは自分が買うことになったすばらしい子馬の写真に何枚か目を通した。アリバイは最高級の栗毛がつやつやと光り、いかにも貴公子然としている。彼はどこか上の空の様子でちらっと眺めただけで、すぐに写真を相手に返した。

「こいつは立派な馬ですよ、ドナルドさん、チャンピオンになれる馬です。セクレタリアートみたいになるか、もしかしたらマン・オ・ワーのような名馬になるかもしれない」

ドナルドは窓の外を見ていた視線を相手に戻して、「ああ、そうですとも。これでよし。これですっかり決まりですな」と言っただけだった。

フロリダでは、アリバイがオカラのトレーニング・コースを、いわゆる「バレット・トレーニング」で、一分間五ハロンで走っていた。これはレース用のコースではおそらく五八秒相当の速さで、早くも国内の競馬で優勝した多くのサラブレッドと同じスピードが出ていた。

ドナルドは子馬の名前を変えようと言い出した。最初のうちブローカーは、子馬の名前を変えるのは競馬の伝統に反するし、不運を招くと言って反対した。だがドナルドはあくまでも我を通した。夏が近づいて厩舎のカラーが決まり、その色の騎手の服と帽子を買い整え、そしてアリバイは「ＤＪ・トランプ」と改名された。

ところがその後数週間が過ぎても、ドナルドは一向に持ち馬の代金を払おうとしなかった。ブローカーは文句を言い、弁護士が間に入って何回か手紙がやりとりされた。その時になってドナルドは値切りにかかった。自分の名前は二五万ドルに値するから、以前に取り決めた値段の半分しか払わなくてもよいはずだと言うのだ。

スティーブはなんとか折り合いをつけようとしたが、最後にはブローカーの方が折れることになった。一つにはトランプの競馬産業への投資を熱心に求める同業者の圧力に屈したのだ。ドナルドはスティーブに電話して、数日内に小切手を切ってサインすると確約した。彼は、レースに出られるように、ブローカーに馬を北部に送らせろ、とスティーブに指示した。

ＤＪ・トランプのトレーニングは、新しいオーナーを満足させるために最終段階に達していた。馬はすでに「全速で走って」いた。これだけのトレーニングを終えるには数週間を要する。全速で走らせたあとは子馬には休養期間が必要で、翌日は歩かせるだけにして、その後四、五日かけてだく足から徐々にスピードを上げ再びフルスピードまでもっていく。フロリダのトレーナーの意見では、レースに出場させるために北部に連れていくには、少なくともあと二回の走りこみが必要で、それにはおよそ二週間かかるという。これを聞くと、ドナルドはかんかんに怒った。すぐにトレーニングを仕上げて連れてこいと要求した。結局次の土曜日には最後の仕上げの走りこみをする、ということで折り合いがついた。その翌日の日曜日にはＤＪを歩かせ、月曜日に北に輸送する。火曜日にはもう一日歩かせ、それからレースに備えてギャロップにとりかかる、というスケジュールに決まった。

ところが、その週にＤＪ・トランプのいる厩舎《きゅうしゃ》でウイルス性の流感が流行った。種つけ牧場から送られてきた子馬に広がり、到着した子馬にはすぐ予防接種をした。「鼻風邪」と呼ばれている病気で、人間で言えば「三日麻疹《ばしか》」のようなものだ。馬をゆっくり休ませて、病気が順調な経過をたどるのを見守っていさえすれば、何も心配はいらなかった。ただし、養生をしないと生命にかかわることもあった。フルスピードでギャロップさせたりして体に無理がかかると、馬の抵抗力を弱め高熱を発して命を落とすことにもなる。ＤＪ・トランプには鼻風邪の兆候は見られなかったが、トレーナーは大事をとって、最後の走りこみは一週間ほど先へ延ばそうと提案した。

ブローカーはドナルドのオフィスに電話でこのことを知らせた。後に彼から聞いた話では、その同じ日にスティーブから電話が入り、あわてた様子で「馬をすぐに走らせろ」というドナルドの命令を伝えてきた。

土曜日の朝のオカラは暖かく、晴れ上がっていた。夏の太陽がトレーニング・コースを乾かしてかちかちに固くし、スピードを上げるには絶好のコンディションで、子馬の肢の筋肉にも負担がかからない。DJに鞍をおいて、厩舎から引き出した。トレーナーはストップウォッチを手にして柵のところで待ち、一方騎手は馬にまたがって馬場の向こう端まで乗っていくと、全速で走らせた。馬は果敢に走ったが、五ハロン走らせてから手綱を締めて歩みをゆるめたところ、トレーナーのストップウォッチは一分三秒を指し、この馬の最高速度より丸三秒も遅かった。トレーナーはすぐにこれは何かおかしいと感じた。

それから二時間も経たないうちに、DJ・トランプは熱を出した。前肢が震え出し、やがて体の下で折れ曲がって、そのすばらしい巨体は横倒しに倒れた。

すぐに獣医が呼ばれ、急性のウイルス性感染症にかかっており、トレーニングのせいで重症になっていると診断された。馬の容体は悪化し、日暮れには前肢の血の流れが止まってしまった。前肢のひづめは壊疽《えそ》を起こしたように死にかけていた。馬の命を守るにはひづめを切り離さなくてはならない。ひづめが伸びて回復しても、これだけ体の大きな動物では、今後レースに出るのはとうてい不可能だろう。ブローカーはフロリダからの電話でこのことを知らされた。トレーナーは電話の向こうで泣いていたそうだ。

彼はアトランティック・シティに電話をしてスティーブ・ハイドにこのことを知らせた。スティーブは驚いてすぐにニューヨークのドナルドに電話すると約束した。数日後、トランプス・キャッスルにあるスティーブの新しいオフィスで話し合う段取りになった。ブローカーはＤＪの最新の容体や手術、その後の治療に要する費用について、資料を用意してきた。彼の見立てでは、馬が再び前肢で立てるようになるには、一年はかかるということだった。

後にスティーブはその折の話し合いの一部始終を聞かせてくれた。ブローカーが馬の容体を説明しようとするのを抑えて、スティーブは穏やかに口を切った。「実はもっと悪いニュースがあるんですよ。ドナルドは馬は要らないそうです」

最初相手はどういう意味かわからなかった。

「そちらからうかがった通りに状況を説明したんですが、我々が故障持ちの馬をドナルドに押しつけようとしてるって言うんですな。あれは『健康上問題がある』馬だって。それでそんな問題のある馬には、びた一文払うつもりはないそうです」

ブローカーは唖然とした。「何を馬鹿なことを言ってるんだね、スティーブ。あの馬を駄目にしたのはドナルドじゃないか。取引はすでに終わってるんだ。彼はあの馬を買った。あれは彼の馬なんだぜ」

スティーブは黙ってこの何百万ドルもの賭け手である、昔なじみの得意客を見つめるばかりだった。一体なんと言えばよかったのだろう？

得意客はもう決してトランプ・プラザではギャンブルをしないと抗議して、スティーブのオフィスを出ていった。苦々しげにつぶやきながら。「偉大なドナルド・トランプだって？　慇懃《いんぎん》無礼な見えっ張りの、くそ野郎めが！　二〇〇〇万ドルもの馬を潰してしまいやがった。この馬の前途を台無しにしちまったんだ」

ドナルドは馬の幸せなど考えもしなかったし、経済的に見てどれだけ損をすることになるかも気づかなかった。この馬はたとえもうレースには出られなくとも、チャンピオンの血筋を引いた種馬として、まだ二五万ドルの投資に見合うだけの価値は充分あった。プラザが年に何百万ドルものギャンブルをする賭け手を失ったことを考え合わせれば、この買い物を最後までやりとげるべきであったのは問題にするまでもない。なのにドナルドはそんなことはおかまいなしだった。ケンタッキー・ダービーで勝てる見込みがないことがわかると、つらい時期を我慢して乗り切ろうとはせず、馬への関心をすっかり失くしてしまったのだ。

その夏はそれっきりブローカーはトランプ・プラザに現れなかったが、スティーブは彼との連絡を絶やさず、忍耐強く彼をなだめて、彼が被った損害を少しでも軽くする方法を見つけようとした。

ＤＪ・トランプの命を救うための手術とその後の治療に、ブローカーは五万ドル近くを費やした。テキサスから飛行機で鍛冶屋を呼び寄せ、前肢が駄目になった子馬が自分で立てるように、特別のゴムの靴をあつらえねばならなかった。

スティーブは妻のドナがＤＪ・トランプを一五万ドルで買うよう取り計らった。スティーブが競走馬の飼育に手を染めたのは、この時からだ。結局彼にとってこの仕事を続けるのは大きな楽しみとなった。私にまで馬を買ったらと言い出し、やがて二人で割カンで三頭目を買う計画を話し合うまでになった。

だがこの出来事はスティーブに深い印象を与えた。その秋以来、彼はドナルドのもとを去る日のことをよく口にするようになった。

7　部下に要求すること

トランプ流「CI」について

一九八八年にはトランプ・プラザの施設はすべて整い、オープンして以来最良の年となった。総収入は市内最高を記録し、カジノでのドロップがはじめて三億ドルの大台に乗った。この額に達したのは市内では二軒のカジノだけだった（もう一軒はシーザーズ）。プラザの収益は三三〇〇万ドルを超えた。

トランプ・プラザはアトランティック・シティ随一の娯楽場となった。スティーブとマークと私とはドナルドの掲げた目標を達成し、一六か月前に目指したもくろみに見事成功した。プラザを市内でナンバーワンのカジノに仕立て上げたのだ。

キャッスルの総収入は一九八七年よりもマージンを減らすことによって、三億一六〇〇万ドルに増えた。しかしコストを引いた後の営業収益は、四一〇〇万ドルにのぼる利息を支払うには足りなかった。キャッスルはオープン以来はじめて三〇〇万ドルの損失を出した。豪華なスイートの増築による借金は、今やキャッスルの経営に重くのしかかっていた。

新たにドナルドが所有するカジノの最高経営責任者になったスティーブは、キャッスルにオフィスを移し、積年の経営の誤りを是正してカジノの経営を正しい軌道に乗せようと努力した。だが、ドナルドはキャッスルの損失に苛立ちを見せながらも、コストを削減しようというスティーブの勧告を受け入れようとはしなかった。スティーブは、何百万ドルもの出費を節約するため、彼の自家用ヨット、トランプ・プリンセス号をどこか他の港に回航するよう強く進言した。しかしドナルドは承知しなかった。かえって、さらに費用のかかる改修を指示してきた。建設中のキャッスル・タワーには新たにショールームを設置する計画だったが、そのショールームの内装と色彩がマッチしないという理由で、まだ新しかったキャッスルの絨毯《じゅうたん》をみんな剝がし、二〇〇万ドル近くかけて新しいのと敷き替えた。

次いでカジノの名前も変えたいと言い出し、「トランプス」から所有格のsをとって、単に「トランプ・キャッスル」とすることに決めた。これは大仕事だった。あらゆるサインやロゴ、図案はもとより、ホテルの塔の外壁のてっぺんについている巨大な文字まで取り替えなくてはならず、一〇〇万ドルを超す出費となった。費用を節約するため、一つの文字の高さが六フィートもある外壁の文字は、キャッスルの倉庫で見つけた古い文字を使うことにしたが、それでも五万ドルあまりかかる。だが新しいのと取り替えるよりはだいぶ安く上がるはずだ。そこで古い文字を倉庫から運び出し、これまでの文字をビルの上から降ろし、取り替え用の文字を運び上げ、「キャッスル」という言葉の隣に取りつけた。ところがドナルドは新しい文字を見ると、癇癪《かんしゃく》を破裂させた。「トランプ」の文字が隣の「キャッスル」の文字よりいくらか小さいというのだ。

彼は直ちに全部新しく取り替えるように命じた。

　キャッスルの増え続けるコストと利息の支払いを抱えていても、ドナルドは強気で計画を進めた。キャッスルを除けばどこでも、ドナルドにとって万事好都合に事が運んでいるように見えた。タージ・マハールについてはマーブ・グリフィンとの交渉がまとまり、建設に取りかかってこの巨大なプロジェクトを完結するために、六億七五〇〇万ドルのジャンク・ボンドを発行することでメリル・リンチと合意に達した。

　一一月には、ドナルドとイバーナ、マーク・エテスと彼の妻のローレンとが四日ほどラスベガスに出かけた。ゴールデン・ナゲット社の客としてスティーブ・ウインに招待されたのだ。マークにとってこの旅は大成功と言えた。マークには、そのエネルギッシュな仕事ぶりに加えてカリスマ的魅力があった。トランプ・プラザの得意客をはじめどの職場の社員にも人気があった。彼はドナルドの友情をかち得ようと努め、トランプ一族に集まるスポットライトに少しでも多く浴したいと願っていた。ラスベガスから帰ったマークは、これまで見たこともないほど熱意に溢れ意気込んでいた。ドナルドやイバーナのことを親しげに語り、自分も妻のローレンも彼らとすばらしくうまくやっていけたと話していた。

　ドナルドの方でもマークの商才とその年のプラザの目覚ましい実績を高く評価していることを示し、スティーブの賛意を得て、彼をトランプ・タージ・マハール・アソシエイツの社長兼最高経営責任者に任命した。彼は世界最大のカジノを経営することになった。私もまた、ギャンブル業に携わってきた九年間のキャリアのうえで転機を迎えた。スティーブの推薦によりマークのあとを継いで、ドナルドの所有するカジノの中で一番繁盛し儲けも多いトランプ・プラザの社長兼最高経営責任者に昇格したのだ。

クリスマスの二週間前ドナルドから電話があり、トランプ・タワーでの昼食に招かれた。「二人でともに『すばらしい時』がもてたら」と言うのだ。

「一緒に昼食をとりながら、二時間ほど世間話でもしようじゃないか。俺の職場を見てもらういいチャンスになるしね。そうすればこれから二人ともずっと気楽にやっていけると思うよ」

スティーブとマークにこの話をすると、二人はくすくす笑った。マークは「それじゃきみもドナルドと一緒にツナサンドを食う羽目になるのか」と言って、自分がドナルドから同じように昼食に招かれた時のことを話してくれた。マークがトランプ・タワーに着くと、億万長者は二人分のツナサンドを注文し、二人してドナルドの机で食べたそうだ。

「意欲的な姿勢」を見せてくれ

クリスマスの二日前、私は六人乗りの飛行機、ナバホでニューヨークへ飛んだ。道中ずっと冷たい氷雨が降り続いていた。ラガーディアの空港に着くと、トランプ・プラザの銀色のリムジンが待っていた。正午ちょっと前には、五番街にきらめきそびえているトランプ・タワーの正面玄関に降り立った。

私は勝手がわからなかった。前にもドナルドのオフィスにきたことはあったが、ちょっと立ち寄ったただけで長居をしたことは一度もない。二六階までエレベーターでのぼりながら、マークが面白がって話してくれたドナルドのツナサンドの話を思い出した。ドナルドは仕事と楽しみは切り離す主義だ。「ぜいたくな昼飯は出さないぞ」とよく言っていた。

ドナルドの秘書のノーマ・フォーデラーが私を出迎えて挨拶すると、開けてあるドアを通ってドナルドのオフィスに案内してくれた。彼は電話中で、二人が入っていっても目もくれない。彼のデスクの前に二脚おいてある黒いベロアの椅子の一つに座って待つことにする。その間、壁に飾ってある、額に入れた雑誌の表紙に目をやった。表紙にはどれにもドナルドの写真が載っていて、桜材の大きなデスクの背後を除いて、周囲のどの壁にもその額が飾ってあった。デスクの後ろは広い窓になっていて、優美なプラザ・ホテルとセントラル・パークのすばらしい眺めが見渡せた。

ようやくドナルドは電話を終えて、受話器を置いた。
「やあ、調子はどうだね？」と陽気に声をかけてきた。
「ええ、ドナルドさん、至極元気です」
「そりゃあいい。一九八九年を記録的な年にするのに、抜かりはないだろうね。きみがエテスの記録をぶち破るのを、なんとしても見たいと思っているんだから」

そうらおいでなすった、と私は内心考えた。なんとか逃げ口上をと思ったが、それはやめて、「我々の試算ではどの数字を見ても、来年はすばらしい年になるのは請け合えますよ」と答えておく。それを聞いて彼は満足そうだった。さらに数分しゃべってから、「さあ、昼飯にするか」

と言った。立ち上がって、受付の席にいるノーマを呼んだ。「階下に電話して、これから昼食に行くと伝えてくれ」その電話でセキュリティ・システムが動き出したらしい。私が着いた時には受付には私服の守衛が一人いただけだったが、ドナルドと一緒に出ていくとボディガードが二人待機していて、一緒にエレベーターに乗り込んだ。

階下に降りると、ショッピング街の「アトリウム」はクリスマスの買い物客でごった返していた。ドナルドはエレベーターを降りるとすぐ左手に折れて、私の前をずんずん歩いていく。彼に遅れずについていくのは大変だ。足が速いからというだけでなく、彼を見ようとして見物人が自然に集まってくるからだ。彼はこうなるのを知っているので、いつも自分の行き先に一番早く着ける道順を選ぶ。ボディガードに数フィート先を歩かせ、その後について最短距離を行くのだ。

その日の昼食はこぢんまりしたイタリアン・レストランだった。店の主人が挨拶に出てきて、すぐに部屋の中央のテーブルに案内される。二人のボディガードは入り口の手すりの横で見張りに立った。店にいた客がいっせいにこっちを見た。ドナルドにはいつものことで、気にすることはめったにない。私にメニューを手渡したが、自分では見ようともしない。

「おかしな話だが、このレストランはつぶれるに決まってるって言われてたんだよ。立地条件とか設備とか……何もかもよくないって言うんだ。ところがやってみたいって言う男が現れて、トランプ社が後ろ盾になって全面的にバックアップしてやった。今ではごらんの通りさ。ものすごい繁盛ぶりだ。なにしろ料理がすばらしいんだ。栄養があって本当に体のためにいいって気がする。ロビーの中央にあるごくちっぽけな店だが、ニューヨークの市内で一番うまいパスタを食わせるんじゃないかな……モッツァレッラのスティックをぜひ試してみたまえ。天下一品だ。保証するよ」

話題はあちこちに飛んだ。いろんな話をしたが、やがて「スティーブ・ウインはどうしてる、ええ？　あいつはどうしようもなく頭がおかしい男さ、そうだろ？　あんな奴のところで働いてたらひどい目に遭うに決まってる」と言い出した。そこでしばらくはスティーブ・ウインの話をする羽目になった。もう二年近くも前はじめてドナルドと会った日と同じく、今でも相変わらず彼のお気に入りの話題だった。

次いで彼はまたもや、今年はトランプ・プラザでの「エテスの記録」を破ることを私の重点目標にすべきだという話をむし返した。

私は一瞬ためらい、どう答えようかと慎重に言葉を選んだ。「そうですね、でもドナルドさん、あの記録はチームの努力の結晶なんです。マークだって、自分の力だけでトランプ・プラザがあれだけの実績を挙げられたと主張する気はないと思いますよ。スティーブの力も大きかったし、マークや、私や、四〇〇〇人の従業員みんなの努力の結晶なんです。だから、今の言い方はちょっと違うんじゃないでしょうか。何もマークだけの――」

「ああ、そうだとも」ドナルドは口をはさんだ。「だがなんと言ってもあの男の功績が一番だ。そうだろ？　だからきみはエテスの記録をぶち破らなくては。きみならそれができるさ。一九八九年はそれを実現する年だ」

「私の考えでは、ドナルドさん……何もマークを打ち破るという意味ではなくても……一九八九年はトランプ・プラザはすばらしい年になりそうですよ。テーブル・ゲームではもっと儲けが増えるはずです。部門によってはまだまだ儲けを増やせると思いますね。それに過去に例がないほどテーブルでの儲けを増やすだけでなく、カジノの収益では、わが社の歴史はじまって以来、はじめてシーザーズを抜いてナンバーワンの地位を占めることになるでしょう」

彼は前に身を乗り出して笑顔を見せた。「その調子だ！　その意欲が大切なんだ。そういう言葉を聞きたいんだよ。きみならきっとそう言ってくれると思った。まさに私が聞きたかった通りの言葉だ。プラザでマークが打ち立てた記録なんぞぶっとばしてやる、そう言ってほしかったんだ」

彼は話を継いだ。「ところで、きみ自身のことを話してくれないか。きみのことが知りたいんだ。きみの経営哲学とでもいったものを少し聞かせてくれ。そうだな……うちではどういう分野ならもっとうまくやれると思うか、言ってみてくれ。プラザのマーケティングについてはどう考えているんだね？」

私の計画をあれこれ話したが、どれも格別彼の興味を惹いたようには見えなかった。それでも彼は私に話を続けさせようとした。スティーブの推薦があったのでプラザを私の手にゆだねたものの、彼にとって私はまだ未知数なので、私がどんな男か自分の目で確かめたかったのだろう。で、私は話を続け、国際的マーケットについても触れて、プラザがその方面でどんな努力をしているかを説明した。世界的な大物ギャンブラーを惹きつけるためにこれまでに多額の出費をしてきたことを思い出させ、とくに日本人の間で、その努力が報われる日が近いと思われると告げた。

「そのマーケットを開発するんだ。断固としてやれ。そりゃあいい。そのビジネスをものにしろ。必要だと思うことはどしどしやってくれ。必要な人間はどんどん雇ってかまわないから、きみがしたいようにやるんだな」

「黒人に俺の金勘定をさせるな！」

トランプ・タワーでの昼食は人事の話で終わった。人事についてもドナルドはやはり独自の方針で臨んだ。「スティーブ・ハイドのことはどう思うかね」と聞かれた。

もちろん、スティーブに対しては最高の賛辞を述べるしかない、私はドナルドに思う通りに話した。「ああ、あいつは俺の腹心だ」彼は急いで言い足した。「彼が引っ張ってきた連中はみんな優秀な人物ばかりだと思ってるよ。うちにとっては有力な戦力になっている。それだけは言っておきたいと思ってね」そう言うと、そそくさと話題を転じた。「ところで、しょうもない仕事しかできない無能な男はいないかね？」

別に心当たりはないと答える。だが彼はなおも食い下がって、順々に名前を上げていき、トランプ・プラザの経理事務員の名前に行きついた。たまたま彼は黒人だった。

「あの男のことはどう思う？」

彼の能力はよく知っているが、確かに欠点はあると答えた。「正直言って、彼が最高の人材だとは思えないですよ。もっと能率を上げてくれると、私もぐんと助かるんですが、しばらく様子をみようと思ってます。それとも何かほかに彼に向いた仕事があるかもしれないし」

それを聞いた途端に、ドナルドは熱心に身を乗り出した。「そうか、俺もあいつはどうも気に入らないんだ。あの男には自分のまぬけさ加減がわかってないんじゃないのか？　ここのニューヨークの会計士たちはいつも、あの男のことではぶつくさ言ってるぜ。あいつは鈍いんだよ。妙な話だが、トランプ・キャッスルでもトランプ・プラザでも会計士は黒人なんだ。黒人が俺の金勘定をしているとはな！　気に食わないね。俺の金の勘定は、毎日きちんとヤムルカを被っているような、正統派のユダヤ教徒にやらせたいもんだ。そういう連中に金勘定をしてもらいたいのさ。他の者じゃ駄目だ」

これを聞いて私は耳を疑った。だがドナルドは平然と続けた。「それにもう一つ、他にも言っておきたいことがある。あの男はどうも怠け者だと思うよ。あいつのせいじゃないだろうが、怠けるのは黒人の習性だからね。自分じゃどうしようもないんだよ……そうは思わないか？」彼は真正面から私の目をのぞきこんで、返答を迫った。

「ドナルドさん、そんなことは私だけでなく誰にだって言わない方がいいですよ。あなたが望んでいるイメージに傷がつきますからね。たとえそんなふうに感じているにしても、こういう場所では口に出すのを控えなくては」

「そう、きみの言う通りだ。もし誰かに聞かれたら……くそ！　ひどく面倒なことになる。けど、俺がそう思ってることは、きみに言っておきたいと思ってね」

「そうですねえ、私としてはあなたのご意見には賛成できかねますが。プラザでは仕事のできる人間を雇ってますが、なかにはあまり感心しない仕事をする者もいます。でもそれは肌の色とは関係ありませんよ」

彼は私の意見を拒むように、手で軽くチョップを食らわすまねをした。「ああ、でもやっぱり習性なのさ。とにかくきみがあの男を首にするつもりだと聞いてうれしいよ」

私はそんなことを言った覚えはない。そこで彼の誤りを正した。「ドナルドさん、私は彼にどんな仕事ができるかやらせてみたいと思います。しばらく待ってやって下さい。この先まだ相変わらず経理面で問題があるようなら、彼にはその能力がないのかもしれません。そうだとしたら、配置転換を考えましょう」

ドナルドはそれで満足した。ところがその後何か月もの間、その男を首にするよう私をせっつくのだ。結局その会計士は退職して、他の職を探さざるをえなくなった。その日ドナルドは、機嫌のよい時によくそうするように、さまざまな話題について大いにしゃべりまくった。タージ・マハールについても大げさにぶち上げ、完成すればヨーロッパの有名な王宮よりも立派で、前年の夏にソビエト旅行で訪れたレニングラードのエルミタージュ宮殿をもしのぐほどの、世界でも一流の建築物に数えられるはずだと吹聴した。彼は繰り返し、どんなにスティーブ・ハイドと気が合うか、またトランプ・プラザの実績にどんなに満足しているかを話した。また私の態度に満足し、どうやら彼が言うところの「その意欲的な姿勢」が気に入ったらしかった。これで私がプラザの社長として「適任者」であることがよくわかったと言った。

やがて立ち上がると――勘定も払わず、チップもおかずに――店を出た。「さあてと、ここをひとわたりきみに見ておいてもらおうか」と言われ、二人で混雑しているアトリウムの中をざっと見て回った。彼はアトリウムからビルへと通じる設計とそのデザインが自慢らしい。私に自分の目でそれを確かめさせたかったのだと話していた。

ようやくエレベーターのところに戻ってくると扉の前で足を止め、私の手を握った。「ありがとう。今日は会えてよかったよ、本当によかった。また今度会おう」彼は背を向けると、二人のボディガードとともにエレベーターに乗り込み、その背後で扉がぴしゃりと閉じた。私は突然一人取り残されて、一瞬ぼんやりした。

戸外の五番街に出ると、雨は着いた時よりも激しく降っていた。歩道にはごみや濡れた紙屑が風に吹き飛ばされている。風が吹きつけるたびに冷たい雨のしぶきが頬にかかった。だが気分は爽快だった。あの有名なドナルド・トランプに強い印象を与えたのは確かだ。正直言って、それで私の地位が上がる見込みができたというわけではない。だが彼の信用を得たばかりか、彼が三億ドルものビジネスを私に任せるのをためらわなかったのを知って、やはりうれしかった。

帰れば、スティーブとマークが今日の顚末を根掘り葉掘り聞きたがるのはわかっている。ゴールデン・ナゲット社で一緒に働いていた頃から、我々三人には一つの目標があった。いつの日か、マークと私がカジノを経営し、スティーブが二人のボスになるのだ。三人でそのことを始終語り合ってきた。今それが実現しようとしている――わくわくする気持ちだ。まだ人生の盛りを迎えたばかりの三人にとって、その夢が現実のものになったのだ。

8 自意識過剰のふるまい

チャリティにも渋かったトランプ

一九八九年春、ドナルドはブラジルに飛んだ。南米でのサラブレッドのレースとしては一番名高い「トランプ・カップ」の第二回目のレースがあったからだ。トランプ・プラザではブラジル政府と提携してこのレースを主催していた。この競馬にはラテン諸国でも選り抜きの富裕なギャンブラーが集まるものと予測された。これもまた世界のカジノ界への進出を狙って慎重に計画された戦略の一環だった。

レース当日の土曜の朝早く、彼はサンパウロのホテルの部屋から私の自宅に電話をしてきた。
「ジャックか？　やれやれ、よかった！　きっときみとは連絡がつくと思ってたよ。あっちのカジノをやってるどあほうときたら、つかまらないんだ」トランプ・キャッスルのポール・ヘンダーソンのことを言っているのだ。「どうしようもない奴だ。いったいどうしちまったんだ？　ちゃんと働いてたためしがないんだから……」

一瞬何か変だと感じた。彼は土曜の朝私の自宅に電話してきたのに、私がトランプ・プラザにいるものと勘違いしている。

「こっちはべらぼうにひどいことになりそうだ。そっちはどうかね？　そこに新聞はあるかな？」

「ありますよ」

「最初の見出しを読んでくれ」

私は読んでやった。

「その下には何て書いてある？」

そこで小見出しも読み上げる。

「一面にはほかにどんな記事が載ってるかね？」

それから三〇分かけて、私は見出しの順を追って彼のために新聞を全部読み上げた。

この旅行は無事には終わらず、非常にきわどい事件が起きた。ブラジルの病院のためのチャリティ夕食会への寄付を懇願されたのに、ドナルドが断ったのだ。彼がこの種の催し事は慈善の名の下に行われる「ゲーム」だと考え、憤りを感じていたのは明らかで、『トランプ自伝』の中でもその考えを述べ、不満をもらしている。「こんなに多くの行事へかつぎ出されて挨拶を頼まれるからといって、うぬぼれるわけにはいかない。私がそんなに大物だからということではないのだ。その理由は、私には金持ちの知り合いが大勢いて、チケットを買わせることができるのを、慈善行事の主催者が心得ているからだ。ゲームとしてなら理解もできる。だがこっちがそのゲームをしたくない時でも、礼を失せずに断る方法がないのだから困る」

トランプ・プラザでも、地域社会との関係を円滑にするために寄付したことをドナルドに知られて、機嫌を損ねたことが何度かあった――大したことではなく、地元のチャリティのイベントに会場を提供するとか、ホテル協会の夕食会のチケットを一〇〇〇枚引き受ける、といった程度のことだったと思う。

「なんでそんなことをするんだ？　うちではそんなことをする必要はない」とか「それだけの価値はないね。なにもそんな金を出すことはない」とドナルドは言うのだ。

ことに外国の場合には、彼のそんな態度は微妙な問題にも発展しかねない。しかもブラジルでのことだ。事実、プラザの国際マーケティング部では、友好関係を強める方法としてこの慈善のための寄付に重きをおいていて、出かける前にドナルドとスティーブと私とで寄付の金額を検討するほどその重要性は高まっていた。

「べらぼうめ、俺ははるばるブラジルくんだりまで行くんだぞ。去年はこの夕食会で奴らはいくら集めたんだ？」

「去年は二〇万ドル集まってます」その場に居合わせたマーケティング・スタッフの一人が答えた。

「よし、今年は夕食会には俺が出ることになっている。国中の人が俺の出席を知っている。それで今までのところいくら集まってるんだ？」

「五〇万ドルです」

「結構、それじゃその三〇万ドル増えた分が俺の寄付というわけだ」

うちの南米マーケティング代理店の意見によれば、一般社会との良好な関係は金には代えられない価値があり、実際それがうまくいくかどうかが成功の鍵を握ると言えるほどだという。だがドナルドは頑固だった。「あいつらは今までになくたくさんの金を手に入れた。それができたのは、社交界の連中がみんなその夕食会に俺が出るのを知ってたからだ。それが俺の寄付というわけさ。こっちは夕食会に出てやるんだからな」

自転車レース「ツール・ド・トランプ」

ドナルドはボクシングには理解があって、パトロンであると同時に一人のファンでもあった。だが、ヨーロッパ・スタイルの自転車レースについて我々が提案した時には、すぐにはその声価が理解できなかったようだ。彼をその気にさせたのは、「ツール・ド・トランプ」というその名称だった。一九八八年の夏のある日の午後、ニューヨークの彼のオフィスではじめてレースの概要を説明した時の様子はこんな具合だった。

まず口火を切ったのは、テレビのスポーツ実況の解説者のビリー・パッカーで、彼はこの企画のパートナーになっていた。ビリーが売り込みの口上をのべている間、残りの人たち――このレースの主催者となるトランプ・プラザを代表してマーク・エテスと私、米国サイクリング連盟のマイク・プラント、それにこのイベントの協力者であるジェファーソン・テレビ・プロダクションのマイク・バーグの面々――はそれぞれ思い思いの椅子に座を占めていた。

「我々は東海岸で、『ツール・ド・フランス』にも匹敵するようなレースをやりたいんです」ビリーは説明をはじめ、ドナルドは自分のデスクに座って耳を傾けた。「ニューヨークを通って海岸沿いを突っ走り、アトランティック・シティをゴールにするとか――コースはどうにでもやりたいように決めればいいんですよ。我々の思う通りのレースにすればいいんだから」

ドナルドは黙っている。

そこでビリーはパンチを繰り出した。「それで『ツール・ド・トランプ』という名前にしたらどうかと思っているんですがねえ」

「ああ、そいつはいい！」ドナルドは椅子から飛びあがらんばかりにして叫んだ。「新聞にでかでかと載るだろうな。追い回されてへとへとになっちまうよ。そういったことは一切ご免こうむる。ツール・ド・トランプだって？」彼は頭を振った。「いやあ、参っちまうな」椅子の背にもたれかかって、しばし沈思黙考する。顔ににんまりと笑いが広がった。「でも、話はそれで終わりってわけじゃないんだろ？　いやあ！　へとへとにさせられるだろうな。でも気に入ったよ、そいつはいい！　うまいアイデアだ。ひとつやってみよう。面白そうじゃないか」

マークと私は目配せして、にやにやした。うまく口説きおとしたのだ。

「私どもでは以前からずっと、アトランティック・シティに何か国際的な意義のある大きなイベントを持ち込みたいと念願してまいりました。これはまさにその計画が実現したものだと言えます。このイベントはトランプの名前を世界に売り込むにはもってこいのチャンスになるでしょう」一九八八年九月一〇日、マークはトランプ・プラザでレースの開催を発表した席で、集まった記者たちにこう語った。

実のところ私は、はじめのうち半信半疑だった。自分ではサイクリングにのめりこんでいたものの、カジノの経営者として、これだけの規模でしかもこういった性質の戸外の大会を後援しようとは夢にも考えなかった。マイク・プラントたちが最初にこの案をもち込んできた時はあまり乗り気にはなれなかった。第一に費用が問題である。第二にギャンブルのテーブルに直接響く余得があろうとは思われない。だがトランプの名前を売り込むのには役立つだろう。それがこっちの取り分だ。ドナルドが気に入っているのは、最も格式の高い自転車レースとされる「ツール・ド・フランス」の名声のせいなのだ。当然ながら、それになぞらえて喜んでいる。

私はこれまで自分でもレースに出場し、何年か前には西海岸にプロ専門の自転車店をもっていたこともある。そうした経歴からして、トランプ・プラザとレースのプランナーとの仲立ちを務めることになった。後方支援の業務は驚くほど膨大だった。レースは一九八九年五月五日にスタートし、五月一四日まで走り続ける。我々はオーバニーを出発点としてニューヨークをはじめ五つの州にまたがる八三七マイルのコースを詳しく設定した。トランプ・プラザ前の遊歩道をゴールの地点とする。

世界中から集まった八七名の自転車乗りが出場登録をすませたが、プロとアマチュアのチームがちょうど半々くらいだ。なかには一流ランクに属する選手も何人かいて、ツール・ド・フランスのチャンピオン、グレッグ・ルモンドの名前もあった。メダリスト・スポーツと称する会社と契約して、予算案の作成とレースの運営を委託した。メダリストでは、交通費と宿泊費と賞金とを合わせて、トランプ・プラザが負担する費用を一五〇万ドルとはじき出した。ＮＢＣテレビは当初から関心を寄せ、放映権をシェアに応じた価格で買い取ろうと申し出た。

あとはプラザの負担を埋め合わせるスポンサーを探すだけだ。当時ドナルドの名声は絶頂に達していた。それでもなお、スポンサー探しは難航した。マクドナルドのような有力候補は、不動産王の名声はあまりにも派手で店のイメージには合わないと判断した。ほかにもいくつか候補に挙げられた大企業も、ドナルドの名前ばかりが目立って自社の影が薄くなる危険を冒すのは望まなかった。また開催の時期にも問題があった。たとえば、ビール会社のクアーズは関心は見せたものの、「もっと時間が欲しいので、一九九〇年にまたレースを開催するならその時点で考えさせてくれ」という話だった。我々はクライスラーに大きな期待をかけ、渡りをつけてその返事を待った。ドナルドと会長のリー・アイアコッカとはフロリダの高層マンションの共同出資者で、ドナルドは太鼓判を押していた。「クライスラーの件なら心配するには及ばないよ。俺が引き受けたから。リーに電話しよう。あれは俺の友人だからね。この件は俺に任せとけ」

ドナルドとの友情にもかかわらず、クライスラーもアイアコッカもこのイベントは見送った。キャンベル・スープも興味は示したが、次の年にということだった。試算によると、プラザはこのイベントで七〇万ドルの負担をかぶることになりそうだった。この点についてはドナルドと話し合った。私としては、将来かなりの利益が見込めるのだから、今は多少損をしても充分割に合うと考えた。宣伝費と見なすべきだ。ドナルドもこの意見に同意した。宣伝価値だけでも一〇〇万ドルを超すものと予測された。

レース前夜の一九八九年五月四日、ニューヨーク州の州都、オーバニーでの盛大な記者会見に、新聞記者やテレビ報道マンが国内からも海外からもぞくぞく押しかけた。私はドナルドの隣に座を占めた。グレッグ・ルモンドも我々と一緒に壇上の席に座った。記者会見が終わって一緒に退席しながら、ドナルドは小声でたずねた。「うちではいくら負担することになるんだね？」

「七〇万ドルくらいです」

彼は足を止めた。「なんだって！」

「ドナルドさん、このことはすでに話し合ったじゃないですか。これが今すぐ金になるってわけにはいかないことははじめからわかってました。見積もりをご覧に入れたでしょう？　その点については一緒に検討しましたよね。どういうことになるかよく説明したはずですが……」

「やれやれ、なんてこった！　こんなことになろうとは思いもよらなかった！　ジャック、俺たちはなんだってこんなことをはじめちまったんだ？」

一年近くも準備に励み、かなりの費用をつぎ込んだあげく、こんなふうに言われてはがっくりくる。これが正真正銘の信望あるイベントだということは、記者会見にあれだけ大勢の報道関係者が集まったのが何よりの証拠だ。おまけにテレビ中継まで予定してあるのだ。なるほどギャンブル業には直接の利益はないかもしれない。だがレースのコースがプラザの主なマーケットである東海岸沿いを通っていることからも、世界のギャンブラーたちの間にドナルドの名前を広めようという我々の宣伝活動とぴったり嚙み合っていた。

実際、ドナルドはうま味のある取引をすることでは名人と謳われていたが、この二年ばかりの間彼のすることを見ていると、いつもまずい方にばかり金を投じていた――狙うべき市場のはるか頭上に向けて発射したり（無用の長物であるクリスタル・タワーがそのよい例と言える）、あまりにも狙いが低すぎて自分を狙い撃ちしてしまったり（新聞広告で日本叩きをして見せたり、サン・モリッツをあこぎなやり方で売りつけて、オーストラリアでの信用を失墜したこと）、あきれることばかりだった。ツール・ド・トランプの価値は実利的な枠を超えていた。正しく育て上げれば、その価値は計り知れないほど大きいはずだ。ドナルドは最初その微光をおぼろげながら感知した。だが、例のやり口で損得勘定をする段になると、いつの間にやらそれをきれいさっぱり忘れてしまったのだ。

「ドナルドさん、ほら、ついさっきまでの記者会見があんなに盛況だったのはどういうことだか、おわかりですか？　私たちはこの国はじまって以来の記録的な記者会見に臨んでいたんですよ。あそこには一五〇〇人から二〇〇〇人ものジャーナリストが集まってました。そのことをよく考えてみて下さい。あなたのイメージが、あなたの名前が……ヨーロッパ中に光り輝くことになるんですからね。あなたの名前が世界中いたるところで知られるようになるなんて、ドナルドさん、信じられないじゃありませんか」

彼は耳を傾けていたが、やがてゆっくり頷いた。「そうだな。きみの言う通りだ。すごい宣伝になる」そのあとはしごく機嫌がよくなった。

社員は「グレーの靴」は厳禁だ

スティーブも私もこのイベントには非常に熱を入れていたので、何か月も前から製作をもくろんでいたトランプ・プラザのテレビ・コマーシャルの一部に、このイベントをさしはさむことに決めた。驚くには当たらないが、テレビ関係の仕事となるとドナルドは自分も首を突っ込みたがった。彼は自分のイメージに関してはひどく神経質で、テレビの影響力には一目おいていた。

プラザと契約していたバンサン・ダグデイルのバルティモア広告代理店から、ジェフ・ミルマンという男を招いて、テレビ・コマーシャルの案をいくつかドナルドに見せるように頼んだ。それらはスティーブとマークと私とであらかじめ検討して、これならまあいいだろうということになった案だった。六週間もかかってあれこれ熱心に議論を重ねた末に、二〇あまりもあったプランの中から最高だと思われるものを三つ選び出したのだ。ドナルドとの会談はトランプ・プラザのスティーブのオフィスで行う手はずになった。ジェフは画面の絵をパネルに並べて貼りつけた「ストーリー・ボード」や説明文を用意した。一コマずつコマーシャルに目を通してもらおうという寸法だ。我々としてはこの三つの案ならどれに決まってもかまわないと考えていた。ドナルドに気に入ったのを選んでもらいさえすればいいのだ。

だが、ドナルドが部屋に入ってくるのを一目見ただけで、彼が不機嫌なのがわかった。彼はそっけなく何かつぶやくと、洗面所に直行した。カジノを通り抜けてくる途中で握手をさせられたと文句を言いながら、その人たちの手のひらの汚れをきれいに洗い落としにいったのだ。彼にはそのほかにも何か腹を立てる理由があったらしい。

我々はあらかじめジェフに注意して、さっさと肝心な話に入って、並べて見せるだけでも三〇分はかかるものを六、七分で片づけてしまうように言った。というのも、ドナルドとの話し合いはすべてそんな具合にやらざるをえなかったからだ。ジェフは快く応じてくれた。ドナルドが洗面所から出てきて席につくと、ジェフは早速立ち上がって説明に取りかかった。しかしドナルドの方では聞く気になっていない。いらいらして腰が落ち着かないふうで、むっとした顔であたりを睨み回している。最初のストーリー・ボードの説明を三〇秒ほど聞いたところで、手を挙げた。「やめろ。やめてくれ。こんなくだらない話はもうたくさんだ」ジェフは話を中断した。ドナルドはスティーブとマークと私の方を向いた。「俺のリムジンを運転していたトンマな野郎はいったいどこのどいつなんだ？」

我々はぽかんとして彼の顔を見つめた。

「わからないのか？　今朝俺を迎えによこした男はどこの人間か……どこで働いてるのかって聞いてるんだ。キャッスルかね、それともプラザかね？」

「プラザで働いてます」私はトランプ・プラザのリムジンに空港までドナルドを迎えにいかせたのをたまたま知っていたので、そう答えた。

「畜生めが！　やっぱりそうなのか！　キャッスルならあんな男は雇わん。絶対にだ！　キャッスルの車が迎えにくる時には、どうして運転手はいつもあんなに完璧なんだね？　きちんと黒い制服を身につけているし、車はしみ一つなく、つばで磨きあげたみたいにぴかぴかだ。それなのに今朝迎えにきてた運転手ときたら、グレーの靴をはいてたんだぜ。いやはや、グレーの靴をはくとは、見下げ果てた奴だ！　まるで薄汚いプエルトリコの奴らみたいだ。うちの人間には一人残らずグレーの靴なんぞはかせるな！」

ジェフはあっけにとられていた。話の途中のまま、じっと立ち尽くしている。私は何げなく下を向いて、この場の誰もグレーの靴をはいていないのを確かめた。それから失礼と言って部屋を出ると、ドナルドの癇癪をもれ聞いていたスティーブの秘書に、別の運転手を階下に待たせておくように言いつけた。秘書の話では、問題の運転手はすでにドナルドからこっぴどく叱られ、首にならないかとびくびくして、気の毒に靴屋までひとっ走りして黒い靴を買ってきたそうだ。

我々はなんとか話を本来の軌道に戻そうとしたが、ジェフがまだ説明の続きをはじめないうちに、ドナルドは席を立ってしまった。「こいつはくだらないよ。こんなざれ言は聞く気にもなれない。とにかく、今見せてもらったやつはつまらん代物だ」そう言い捨てて出ていった。

その後我々がもち出した案はどれも彼の気に入らなかった。彼は自分の希望を我々に伝えようともしないしその能力もないため、どんなものなら気に入るのか見当のつけようがない。そこで以前ニューヨークでトランプ・タワー用に作成したコマーシャルを参考にすることにした。それはムードのある画面で、一人の美しい女性がアトリウムを歩いているとハンサムな男性がそっと近寄り、素早く視線を交わしてから、柱の陰に歩み去るといった情景だった。これではまるで、買い物客や観光客が男女の出会いを目当てにしているようで、ひどい話だと思った。それにしても、これでようやくドナルドの好みがつかめたわけだ。

ジェフのいる代理店では新しい案を作成していた。今度はストーリー・ボードはやめにして、「リポマティック」と称するビデオを映して見せることにした。これは他のコマーシャルから見本になるような画面を切り取り、トランプ・プラザのさまざまなスチール写真やサウンドトラックから一部切り取った音と一緒にして、見本用のビデオに仕立ててある。この方がずっと気が利いているし手っ取り早いから、ドナルドが気を散らしたり興味を失ったりしないうちに全部見せ終わって、彼をその気にさせることができるだろう。

このリポマティックには、ボクシングの試合の一続きの画面とトランプ・プラザのスチール写真とを効果的にさしはさんでおいた。あとはどうやってこれをドナルドに見せるかだ。スティーブによると、タイミングが大事だという。「おあつらえ向きの日がくるまで、この『リポ』はしっかり抱え込んでいることにしよう。ジャック、六週間はかかるかもしれない。それでも完璧なタイミングだと思える時まで、これは彼には見せないでおこうよ。たとえば、ドナルドがふらりと土曜の夜に現れて、俺たちもちょうどオフィスに居合わせる、といったような具合になるとか……」

私も調子を合わせた。「そうだね、彼にはこんなふうにもちかけるんだ。『ドナルドさん、ちょっと。コマーシャルのアイデアでまた一つ、面白いいたずらをやってみたんですがね。ちょっとのぞいてご覧になりませんか？』ってな具合に」

スティーブが続けた。「そこでひょいと素早く映して見せるという寸法だ。彼がにこにこしている時まで待つとしよう、確かにご機嫌なのがわかる時までね」

「マーラと夕食をとって階下に降りてきたばかりの時とか」

「それがいい。それとグレーの靴は禁物だよ」

私は噴き出してしまった。「ああ、グレーの靴は駄目だ」

トランプとつき合うのは気苦労だった

万事計画通りにうまく運んだ。階上のカジノがギャンブラーたちで賑わっている土曜日の夜、ドナルドは私のオフィスに降りてきた。しごく上機嫌だ。彼はぶらりと入ってきて腰を下ろした。私はさりげない調子で切り出しながら、デスクのそばのビデオカセットレコーダーにそっとテープをさし込んだ。「ええと、ドナルドさん、これはうちでやろうとしている案をすっきりした形にまとめたものなんですが」

屋内の場面がテレビに映った。

「画面に見えているのはトランプ・プラザのロビーです」

次いで美人のモデルが画面を横切って歩いてくる。

「今度の画面は、この女性がトランプ・プラザのロビーを横切っているところです。これは実際にこういう場面を作成するので、この通りの絵が見られるでしょう」

ドナルドは興味を示して画面を見つめていた。彼の顔を笑いがよぎった。「なかなかいいじゃないか」

スティーブに降りてくるように電話して、三人でもう一度テープを見る。ドナルドは夢中になった。「すばらしいじゃないか。気に入ったよ。計画を進めてコマーシャルを作るとしよう」

スティーブの顔がにんまりとほころんだ。その瞬間、できれば二人で手を叩いて躍り上がりたかったほどだ。プロダクションが発足した。数週間が過ぎたが、その間にドナルドが注文を出したのは一度だけだった。そのコマーシャルに男性モデルが登場する場面があったら、その中にトム・フィッツシモンズを加えてやってくれ、ということだった。元警官の彼はトランプのボディガードを務めたこともあり、マーラの昔のボーイフレンドで私的なエスコート役でもある。そこで、ある場面で彼を撮影し相応の報酬を支払った。もっともその場面は、カットされてフィルム編集室の床に捨てられる運命となった。

プロダクションの仕事としては、あとはドナルド自身が出るシーンを撮るだけとなった。何にせよ彼を出演させるのは間違いのもとだということはよくわかっていた。辛抱しきれなくなって、さっさとセットを出ていってしまうに決まっている。その代わり彼には他の方法を提案することにした。プラザのマーケティング担当重役のゲイリー・セレスナーはドナルドにこう説明した。「自然の成り行きに任せて撮るつもりです。何もなさらなくて結構ですから、普段の通りにしてらして下さい。撮影の日が決まり次第お知らせしますから」ドナルドはそれならいいということだった。決定された日時は五月一四日、ツール・ド・トランプの最終日である。どっちみちその日は、撮影班がレースの撮影のために町にくる予定だった。

五月一四日、八七人のレーサーはニュージャージーの海岸沿いの道をゴールに向けてひた走った。ドナルドの乗ったスーパー・ピューマはその日、トランプ・プラザの赤と金色の巨大なロゴとゴール・ラインとを視界におさめながら、アトランティック・シティ郊外のベイダー・フィールドに着陸した。テレビ・コマーシャル用のフィルムのためにドナルドがヘリコプターから降り立った瞬間を写そうとして、滑走路にカメラマンを一人待機させてあった。彼はただヘリから降りて、カメラに向かって手を振りさえすればよかった。彼はこのことについては何週間も前から聞かされていたはずだ。私のオフィスでリポマティックを見たあの土曜日の夜以来ずっと。ところがみんなが驚いたことに、彼は大声で怒鳴りながらヘリから降りてきた。「これは何事かね？この連中は一体全体何をやらかしてるんだ？」ボナー・フィルムからカメラマンや技術者が一〇人ほどきていた。彼らはレースのゴールを撮影するためにこの町にきていたのだ。

だがドナルドは猛烈に怒った。「こんなことをしやがって、しこたま金がかかったに違いない！」彼はわめいた。「何をやってんだ？　ここで何をやる気なんだね？　こんなに大勢の連中がそこら中に突っ立って……俺はいくら払わされるんだ！　なにも映画を作ってくれとは言わなかったぞ。つまらんコマーシャルを一つ作れって言っただけじゃないか！」

こんな調子で数分間も怒鳴り続けたあげく、なんとか彼をなだめてようやくいったんヘリに戻ってもらった。彼はもう一度ヘリから降り直して、手を振りながら車に乗り込んだ。だが二度目に降りてきた時には苦虫を嚙みつぶしたようなものすごい顔つきだったので、編集の段階でその場面を一秒の何分の一かの長さにカットせざるをえなかった。

二転三転したテレビ・コマーシャル

それから二週間後にコマーシャルが完成した。我々はドナルドに仕上がった作品を見せるためにもう一度私のオフィスに集まった。テープをレコーダーにセットする。ボクシングの試合、特等のスイート、レストラン、美しいモデルの一団、続いてヘリコプターから降りてくるドナルドがちらっと映り、最後にツール・ド・トランプのシーンなど一連の画面が、バックに流れるロック・ビートに乗って矢継ぎ早に映し出される。ドナルドは画面を見ている間、ずっともぞもぞして落ち着かなかった。終わるや否や部屋の中を不愉快そうに見回した。「俺はくだらないものは大嫌いだ。こんな最低のコマーシャルは見たこともない」

「ドナルドさん、ではどうすればいいとお考えですか？　ぜひ教えて下さい。どんなふうなコマーシャルにしたいとお考えでしょうか？」

彼はスティーブの方を向いて答えた。「俺の出る場面がもっと多いのができたら、また見ることにしよう」

もう一度テープを編集し直して彼の出番を長くした。新しいテープが出来上がり、彼に見せる。今度は、一人のモデルの顎に小さなほくろがあるのを見つけて怒り狂った。途方もなく美しいブルーネットのモデルだったのだが——。「あれが見えたか？　気がついたかね？」叫びながらますます逆上する。「あれには目を疑うよ。あの女は見苦しいじゃないか！　なんだってあんな顔の娘を使ったんだ？　俺のコマーシャルを台無しにしやがって」

　これは腹に据えかねた。それというのも、ドナルドがコマーシャルに使う女性については好みがうるさいことを知っていたので、何百枚もの選考用フィルムを検討したうえで、これなら彼の好みに合うに違いないと思ったモデルを選び出したのだ。こうなっては急いでそのモデルが出ている一連の場面を修整しなくてはならない。だが彼女はこのコマーシャルでは全体を通して出番が多く、それはできない相談だった。とうとうドナルドは「この前見たコマーシャルはどうしたんだ？　この間の夜きみのオフィスで見て、とても気に入ったやつだ」と言い出した。

「リポマティックのことでしょうか？」

「ああいうのがいいんだ。きみが作ったこんなくだらないのなんか欲しくもない」

「ドナルドさん、あれはリポマティックです。あれをそのまま映すわけにはいきませんよ。あれは継ぎはぎで……ビールのコマーシャルからあっちこっちの場面を取ってきてつないだもので……」

「あのコマーシャルがいい。ああいうのが俺のやりたいコマーシャルなんだよ」彼はあくまでもそう言い張った。

　そこであわてて、元のリポマティックから使えるフィルムを集めて、それに我々が作ったフィルムを継ぎ足した。結局それがトランプ・プラザのテレビ・コマーシャルとして放映された。完成までにかかったコストはおそらく二〇万ドルを超えていたに違いないのに、出来上がったのはせいぜい二万五〇〇〇ドルそこそこの代物ときては、時間と金の浪費と言うほかはない。

ドナルドは表向きはツール・ド・トランプは「かつてないほどの大成功」だったと公言していた。だが一か月経って、トランプ・プラザの五月の収支決算表を手にすると、またもや私に向かって癇癪を破裂させた。「この数字を見たかね？　なんてざまなんだ？　今月は一体全体なんでこんなにたくさん金が出ていったんだ？」

「ドナルドさん、この数字については前にお話ししたと思いますが。なんでまたこの話をむし返すんですか？」

「ぐずぐず言うな。こんなにくだらない金がかかるなんてちっとも知らなかった！　とうてい信じられない。まったく信じられないね。こんなことにならないように、きみたちが当然注意しているべきじゃないか」

スティーブは耳を傾けていたが、私に答えを促した。「お願いですから、ドナルドさん。イベントの分は除外して見て下さらないと」

「どういう意味だね？」

「ツール・ド・トランプのことですよ。損失が出たのはあのイベントのせいです。あのイベントがなかったとしたらどうでしょう。そう思って数字を見て下さい」

「ジャック、そこが問題なんだよ。たとえ一ドルたりとも見逃さないことが大切だ。一ペニーでも安くあげなくては。大体きみのしていることは大ざっぱじゃないか。当然払うべき細心の注意をもって経営に当たっているとは思えないね。まだ商売に厳しさが足りないようだ」

ドナルドはなお数分間も怒鳴り散らして、ようやく興奮が収まった。このレースに来年も主催するだけの価値があることは認めたものの、いつまでも不愉快な表情をくずさなかった。「これだけは言っておこう。このイベントはきちんと帳尻が合うようにしないと駄目だ。来年はこんなふうに損はしたくないからな」

9 かけがえなき腹心の死

サバティーニとトランプ

九月のはじめ、全米オープン・テニス選手権の試合に、ドナルドはある女性と腕を組んで現れた。女子準決勝の夜、彼はだしぬけにアトランティック・シティに飛び、真夜中ちょっと過ぎにトランプ・プラザの車寄せにシルバーのリムジンで乗りつけた。いつものボディガードを従え、数人の友人たちと一緒にホテルのロビーの入り口から入ってきた。みんなでテニスの試合を観戦していたはずだが、その中にイバーナは見当たらなかった。だが、一人の女性が目についた。それは髪の黒い美しい女で、ドナルドは彼女を絶えず脇に引きつけていた。

一行はカジノの方へ向かい、そこから黒い大理石の壁にシャンデリアが輝くバカラの賭場に入った。カジノのフロアではバカラが一番金のかかるゲームなので、どのカジノでもその賭場はスロットマシンの列やクラップス、ブラック・ジャックのテーブルからは、なんらかの方法で隔離してあった。カジノのフロアでも、ここだけは群衆を避けられる離れ小島のような場所なので、ドナルドはここが気に入っていた。その夜友人たちが賭け金の高いカードゲームに挑戦している間、ドナルドは一時間以上もその黒い髪の女と一緒にこの賭場で時を過ごしていた。

　ドナルドがきていたことは、州のカジノ管理委員会がどのカジノにも配属している監視員に当然気づかれていた。その中の一人がたまたまテニス好きだったため、億万長者と腕を組んでいた黒い髪の女性がテニス界のスター、ガブリエラ・サバティーニであることがわかった。その監視員は著名なテニスプレーヤーのことならドナルドより詳しく知っていて、あとで調べてみたところ彼の恐れは的中していた。そのアルゼンチンのあでやかな選手はまだ一九歳で、ニュージャージー州の法律では未成年者に当たり、法令によってカジノのフロアへの出入りは禁止されていた。当の未成年者とカジノが両者ともに、一〇〇〇ドルもの罰金を課せられることになる。

　月曜日の朝、州の監視員から私のオフィスに電話が入った。「ジャック、お宅のボスは土曜の夜そちらに見えてましたが、誰と一緒だったかご存じですかな？」

「そんなこと知ってるはずがないでしょう？」

「テニス選手のサバティーニですよ」

「おや、そうですか？　そいつはすごい」

「ジャック、あの娘はまだ一九なんですよ」

「いやあ、それは……」

「まあ、いいでしょう。忘れることにしましょう」彼はそう言ってくれた。「今のところは、私にとっても、あなたにとっても、事を荒だてるほどのことでもないですからね。けど、これだけは言っておきますが、彼がまた同じことを繰り返したら、骨身にこたえて金輪際忘れられないほど、厳しく罰することにしますからね。本人はもちろんですが、こういうことをされると、実際こちらとしても困るんですよ」

すぐに私はスティーブに報告し、二人で私のオフィスの会議用の回線でニューヨークのドナルドに電話をかけた。

「なんてこった！」ドナルドは驚いて叫んだ。「まさか、考えもしなかった……やあ、そいつは気づかなかったなあ。知ってればそんなこと絶対にしやしないさ……で、どういうことなの？今のところどんな話になってるんだい？」

「それがうまく話がついて……監視員は頭にきてたようだけど、今回だけは見逃してくれるそうです」

「やれやれ！　俺を見逃してくれるとは信じられないな。どうした風の吹き回しだろう？　その男の名前はなんていうんだね？　一度会って話をしなくては。俺を大目に見てくれる奴なんて、今まで一人もいなかったもんな」

スティーブがその監視員の名前を教えると、ドナルドは言った。「そいつのことを覚えといてくれ。会ってみたいから。今度そっちに行った時、その男に直接会うとしよう……やれやれ！まずはよかった！　それにしても、きみ、教えてやるけど、あの娘はどえらい女だよ。あれはまったく天下一品の女だ。ああ、なんて体をしてるんだ！」

スティーブと私は目を見合わせて、あきれかえった。

ドナルドはしゃべり続けた。「あれは美しい娘だ。うん、実にきれいだ。すっごく華やかな女だね。途方もない体をしている、まったく信じられないくらいだ。あの娘は健康でぴんぴんしてるんだ。それにまた顔が美しいときてる。美人なんだよなあ」

運命のニューヨーク行き

だが、テニスへの興味が花開いた——というかテニス界のスターに熱を上げ出した一方で、ドナルドのボクシングに対する関心は薄れていくように見えた。

一〇月一〇日にはニューヨークで記者会見を開き、次の金曜日にコンベンション・ホールで行われる世界ボクシング協会（ＷＢＡ）の試合を発表する予定だった。この試合は、「マッチョマン（たくましい男）」の異名をもつヘクター・カマーチョとヴィニー・パシエンサという、二人の生きのいいボクサーの間で争われることになっていた。

この記者会見には、いくつかの大きな不安材料があった。私の経営するトランプ・プラザはこの試合の生中継の権利を二三〇万ドルで買い取り、カマーチョには八〇万ドル、パシエンサには四〇万ドルの賞金をつけていたものの、このイベントはトランプ・スポーツ＆エンターテインメントの傘下で行う初の試合だった。プラザは七月に設立されたこの新しい子会社を通じて試合の興行権をまるごと買い取っていた。過去二年間に主催した試合の中でも、入場料の他に有線テレビの生中継の権利（特定の施設との番組契約）まで手にしたのは、これがはじめてだった。

おかしなことに、このイベントにかかわるのに反対したのはドナルドだった。投資した金を結局失うことになるのでは、と恐れていたのだ。確かにこの試合はスポーツ競技の記録上では、それほど重要な意味のある試合とは言えないだろう。カマーチョはフェザー級とライト級の元チャンピオンで、一七回のノックアウト勝ちを含めて三七戦無敗という堂々たる記録の持ち主だが、この数年間はメジャーなタイトルを賭けた試合には出場していなかった。ボクシング界の一部には、彼はすでに盛りを過ぎているとする見方もあった。彼の場合と同じく、パシエンサも最盛期を過ぎた元ライト級チャンピオンである。トランプ・スポーツ&エンターテインメントでは、ユナイテッド・アーティスト・エンターテインメントやPACA・マネージメントとテレビ中継および番組契約放送の協定を結んだ。社長のマークはもちろんのこと、スティーブもまた、このイベントがテレビ界に割り込む試金石になると確信していた。

ところがドナルドは当初記者会見に出席することさえ拒んだ。「これは大した試合にはならないね。世間では誰もこんな試合には目もくれないだろうよ。俺は行かないことにする。ちっぽけな記者会見にまでいちいちつき合っちゃいられないからね。そんなことをしたら俺の沽券《こけん》にかかわる」と言い張った。

スティーブは、記者会見が大切なことをドナルドにわからせるために、自分も同行しようと申し出た。その日がくるまで、スティーブはぶつくさ文句を言っていた。「これが大事なイベントで、記者会見は正当な手順だってことをドナルドに納得させるために、俺が出なくちゃならないなんて、まったく馬鹿げてるよな……それにドナルドのために俺がニューヨークに行かされるなんて——俺がどんなにあそこをいやがってるか、きみも知ってるよな」

その当日には、スティーブは記者会見が重荷になりはじめていた。場所がニューヨークだということで、なおさら嫌気がさしたのだ。彼は大都会を、ことにニューヨークを、大きすぎて空気が汚いという単純な理由で毛嫌いしていた。またスティーブは、マークがタージ・マハールのオープンよりも、トランプ・スポーツ&エンターテインメントの方に時間を取られていることも気にしていた。その結果、当所一二月に予定されていたタージ・マハールのオープン準備作業は、スティーブの肩に重くのしかかっていた。

「この話がもち上がった時には、これがマークにとってカジノとは違う新しい事業を手がけるチャンスになるならすばらしいって思ったんだ。けれど今はタージ・マハールをオープンさせなきゃならない。どっちか片方にしてもらいたいもんだ」

一〇月一〇日、火曜日の午前八時過ぎ、一〇時に予定されている記者会見に間に合うよう、チャーターしたヘリコプターでマンハッタンの東三四番街にあるヘリポートに向かうため、マークとスティーブはベイダー・フィールドで落ちあった。空は晴れ渡り、太陽が輝いていた。待機していたヘリコプターは、双発エンジンの大型ヘリ、シコルスキー・S76、スティーブはこの機種が気に入っていつも愛用していた。我々はあちこち飛び回ることが多く、ヘリを利用するのも仕事の一部になっていたので、誰もがヘリの機種や能力、それを飛ばしている航空会社について詳しくなっていた。なかでもスティーブは飛行機嫌いなだけに、自分たちが利用する機種についてはすべて、過去のフライトの記録や安全性についての研究を怠らなかった。その結果シコルスキーなら安全だと判断していた。

プラザの専務で副社長格のジョン・ベナナーブも一緒に乗り込んだ。トランプ・プラザの代表として代理に記者会見に出てくれるよう、私がとくに頼んだのだ。その頃私はハワイで、苛酷な「鉄人」レースに挑もうとしていた。ジョンは三三歳で、この業界に入ったのは比較的新しかった。熱意があるうえに鋭敏な頭脳に恵まれ、性格は明るく、しかもハンサムだった。彼はマンハッタンまで出かけて、ドナルドやスティーブ、マークと同席して記者会見の場に臨めるというので張り切っていた。彼の前途は洋々たるもので、まさに人生ののぼり坂にあった。つい最近婚約してじきに結婚することになっていた。エンゲージ・リングを買ったばかりで、ニューヨークから帰ったらフィアンセに贈るつもりでいた。

私はハワイへ旅立つ直前、たまたまスティーブとこれまでになく長いこと話をした。その前の週にスティーブは二週間の休暇から帰ったところだった。ブリティッシュ・コロンビアの原野で馬に乗って弓矢での狩りを楽しんできたのだ。彼は帰ってくると、必ず私のオフィスで一時間ほど旅の話をしたものだった。彼は元気一杯で帰り、いつもよりずっと健康そうに見えた。出かける前には体重を減らすために、毎朝自転車に乗り、何キロか減量するのに成功していた。私の家と同じ郊外に住んでいるので、ジョギングをしていると、彼が自転車で走っているのをよく見かけたものだった。だが、戸外での休暇でスティーブはまた一段とすらりとしてかっこよく見えた。

その日彼の想いはまだロッキー山脈をさまよっていたようだ。こんな時の彼は、カジノではおよそ場違いに見える。彼はアウトドア・スポーツを好んだ。土曜日には午前三時に家を出て、三時間かけてメリーランドの東海岸までドライブする。一一時か一二時頃までカモ撃ちを楽しんで、トランプ・プラザが立て混んでくる夕刻までには帰ってくることにしていた。

その日スティーブは、彼にとって仕事や出世よりもっと大事なもの――将来の夢について語ってくれた。彼はこの時まだ四三歳という男盛りだったが、あと二、三年したらドナルド・トランプのもとを去って引退し、カジノの仕事からはきっぱり足を洗って土地を買うつもりだと言った。いつの日か馬の牧場をはじめる夢を楽しそうに語っていた。「俺の唯一の願いはだね、ジャック、存分に戸外の生活を楽しめるようにいつまでも若く健康でいたいってことだけさ」

山で休暇を過ごしてくると、いつも彼はその夢を改めて思い描くようだ。そんな折にはよく宗教的心情を吐露したものだ。山のふところに抱かれている時ほど、神の存在を身近に感じることはないと述懐していた。

「ああ、もうこんな時間だ」腕時計にちらっと目をやって言った。「ずいぶん長いことしゃべり込んでしまった。もう行った方がよさそうだ。キャッスルに出向いて、どうなってるか見てこなくては」

彼とはその週の終わり頃に、もう一度ちょっとの間だったが、顔を合わせた。土曜日には仕事に出てくるのかと聞かれ、「いいえ」と答えた。「そりゃあいい、それがいいよ」と言われた。

「何か用があったら、土曜日に電話を下さい」

彼は笑顔で言った。「いや、そんなことにはならないだろう。その日は休んでゆっくりするといい。ハワイでは楽しんでこいよな。幸運を祈ってるよ」

私もニューヨークの記者会見での幸運を祈って別れた。

突然舞い込んだ悲報

日曜日の夕刻、私は日暮れ前にハワイに着き、翌日は一日ゆっくり骨休めをした。火曜の朝は早く起きた。波打ち際に沿って一マイルほど泳いだあと、妻のリサと二人でサイクリング・コースを自転車で走り、コースを点検する。海沿いを走る二車線の高速道路のコースを、自分の予定スピードで五〇〜六〇マイル走ってみた。

私は午前中ずっとニューヨークでの記者会見のことで頭が一杯だった。ホテルに帰ったらジョンに電話をして、どんな様子だったかたずねるつもりにしていた。

一方ニューヨークでは、スティーブたちのアトランティック・シティへの帰りの便に不都合が生じていた。彼らは正午には出発する予定だったが、記者会見が長引き、そのあと引き続いてインタビューがあったうえに、トランプ・タワーでドナルドと話し合っていたせいで、乗る予定にしていた正午発のシコルスキーのヘリに乗り遅れてしまった。スティーブはトランプ・プラザに電話を入れて、あとの便の手配を頼んだところ、午後一時半発のベル222のヘリがあるという返事だった。スティーブとしてはベルの安全性については今一つ懸念を抱いていたが、プラザでは得意客の送迎にたびたびベルを利用していたし、これまでに事故を起こしたことは一度もなかった。そこで彼はみんなの分も一緒にその便を予約した。ところが二人は口々に、午後のスケジュールまでにアトランティック・シティに帰れないと困ると言い出した。ジョンはアトランティック・シティで午後二時に人と会う約束があるので、他の航空会社でもいいからなんとかもっと早い便をとれないかとたずねた。スティーブはそれならということで、別の機種でもっと早い便を探すようトランプ・プラザに指示した。プラザのニューヨークのオフィスを通じてやっと一便だけ見つかった。パラマウント航空のヘリコプター、アガスタＡ１０９で、トランプ・プラザではこの会社は一度も利用したことがなかったが、これならマンハッタンの東六〇番街にあるヘリポートを午後一時に出発できる。

アガスタは一九七六年以来イタリアで製造され、双発のエンジンと二つのローターをもち、機体の長さは四二フィート、乗員二名、スマートな客室がある六人乗りのヘリコプターである。スティーブが一番気にしている安全性の点では、アガスタで死亡事故が起きた例は皆無だし、二五万時間空中事故ゼロという飛行記録を達成している。パラマウント航空の一六機のアガスタは、一〇〇時間飛ぶごとに点検整備を受けることになっていた。トランプ・プラザがスティーブとマークとジョンのために予約したアガスタは一九八四年に製造された機体で、次の点検まではまだ三五時間の飛行時間を残していた。

「それに乗ろう」スティーブが言った。

ハワイではまだ正午前で、午前一一時頃だったろうか、私が一心にペダルを踏んで、ホテルまであと一マイルほどのところまできた時、借りていたワゴン車にそっくりな車がハイウェイをこっちに向かって走ってくるのが目に入った。けたたましく警笛を鳴らしながら、私を目がけて疾走してくる。ひゅーっとすごいスピードですれ違いざまに、それは確かに自分が借りたワゴン車だと見て取れた。だがハンドルを握っていたのはリサではなかった。そしてほどなく、その車が引き返して私を追ってくるのに気づいた。ホテルの入り口に通じる私道に近づいたところで私に追いつき、正面の車寄せに私と並んで停まった。リサは後部の座席に座っていた。顔にはこれまで一度も見たこともないような脅えた表情を浮かべている。リサは泣いていた。とっさに、何千マイルもかなたのニュージャージー州にいる、娘のローラのことが頭をよぎった。

だが私がたずねないうちに、リサは涙を呑み込んで言った。「ローラは大丈夫よ。あの子がどうかしたんじゃないの。あの子は無事だわ」

「リサ、じゃ、どうしたんだ？」足ががくがくして、震え出すのがわかった。

「ヘリコプターが墜落して……スティーブとマークとジョンが死んでしまったの」

次の数秒間というもの、頭の中は真っ白で、すべての感覚が消え失せてしまった。「いや、そんな馬鹿な、そんなことがあってたまるものか」だが、リサの目にはまぎれもない恐怖が浮かび、涙が頬を伝っている。私はそれが本当なのを知った。私は車寄せにしゃがみ込んで泣きくずれた。

ホテルからドナルドに電話した時、東海岸では午後五時を回っていた。彼の声を聞いただけで、その事件が確かに起きたことを確信した。ドナルドはひどく脅え、すっかりうろたえている様子だった。「ジャック、これはひどい……まったく恐ろしいことになった。みんな座り込んで、ただただ本当ではないことを祈っているばかりだ。俺にはまだ信じられない……とても信じられないよ……こんな恐ろしい……ひどいことになるなんて……」

彼は詳しい話は知らないと言っていた。彼のオフィスはニュージャージー州警察と連絡を取ってはいるものの、あまり多くの情報は知らせてもらえないのだそうだ。「俺は今夜アトランティック・シティまで行ってみるつもりだ。ジャック、今度のレースがきみにとってどんなに大事か知ってるだけに、こんなことは頼みづらいんだが、帰ってきてはもらえないだろうか？」

「何をおっしゃるんです、ドナルドさん？　もちろん私は帰るつもりです」

「ああ、……それはよかった、ジャック。こっちできみが必要になると思うんでね」

次に秘書のジョーレン・セビルに電話をしてトランプ・プラザにつないでもらい、各部の部長を全員招集して、プラザのホテルに部屋を取らせるよう指示を与えた。彼らの姿が従業員たちの目に入るようにしておきたかった。トランプ・プラザの経営が無傷で安泰であることをみんなに知らせたかったのだ。

ところが、ハワイを発つ便がなかなかつかまらなかった。そこでドナルドに電話をして特別機をチャーターする許可を求めた。彼は許可してくれてから、話を継いだ。「いやあ、こんなことになるなんて信じられないよ。まったく気ちがい沙汰だ。ここだけの話だが、俺は一時間もしたらヘリコプターに乗って、家族の様子を見に帰るつもりだ。ヘリコプターでだぜ。気ちがいじみてるよな」彼は、私には無駄話のように聞こえる話を、とりとめもなく続けた。「それでも人生は続いていくんだよ、な？　きみは自分の生活を続けなくちゃならないってわけだ。飛行機にも乗らなくちゃならんし、ヘリにだって乗る。自分に定められた人生の道を歩み続けなくちゃならないんだよな」だがその口調は、どことなしに質問しているように聞こえた。自分の言葉を相手に確認してもらいたいのだ。彼と知り合って以来、こんなに不安げで脅えている声を聞いたのははじめてだった。

チャーターした便はロサンジェルス止まりだった。ロスの空港で待機していた次の機に荷物を積み替え、海岸から数十マイル内陸のポマナにあるアトランティック・シティ国際空港まで直行する。水曜日の朝になっていた。ポマナにはワゴン車とリムジンが出迎えていて、自転車や装備品や手荷物も一緒に積んで自宅まで送ってくれた。家でシャワーを浴び、すぐにリムジンでトランプ・プラザに向かう。オフィスに着いたのは昼頃だった。私は地球を半周近く飛び、この二四時間というもの一睡もしていなかった。そして今、恐ろしい事故の詳細を知らされた。

失意のトランプが放った言葉

スティーブたちが乗ったヘリは、アトランティック・シティの北方二〇マイルほどの海辺にあるオーシャン・シティのレーシー・タウンシップ上空にさしかかっていた。そのあたりでキャンプをしていてたった一人の目撃者となった男は、大きな爆発音が聞こえたので驚いて空を見上げたと報告している。全米運輸安全委員会の初動捜査によると、アガスタの二つのエンジンの片方か、もしくは両方が空中で停止し、それが原因で主ローターの四枚の羽根が折れてしまったということだ。一六フィートもある羽根の壊れた破片が空中に飛び散って、後部のローターを粉々に砕き、操縦席を削り取った。操縦士も副操縦士もおそらく即死したものと思われる。アガスタは急上昇しコントロールを失って、二八〇〇フィート上空から松林の中に墜落した。

ヘリの残骸は、ニューヨーク市とニュージャージー州の海辺のリゾート地とを結ぶスーパー・ハイウェイ、ガーデン・ステイト・パークウェイの北方向車線のすぐ内側で見つかった。地元の救急隊員が真っ先に駆けつけ、機体から一〇フィート以内の地上に投げ出されたスティーブとマークとジョンの遺体を発見した。ニューヨーク州、ロンコンコーマ出身の操縦士、ロバート・ケント機長とニューヨーク州、ウェストベリー出身の副操縦士、ローレンス・ダイナーの遺体は、潰れたコックピットの内部に残されたままだった。ばらばらになった主ローターの破片は、そのほとんどが松林の中で四分の一マイル四方に散乱していた。後部の小さい方のローターは、ハイウェイの南方向車線を越えた半マイルも先で発見された。

州警察が事故直後に現場に到着し、続いて連邦調査官が馳せ参じた。事故の目撃者や四分の三マイルほど離れたオイスター・クリーク原子力発電所で働いていた作業員らの話を総合すると、ヘリはマンハッタンを離陸して半時間ほど、あと一〇分でアトランティック・シティに到着するという午後一時四〇分前後に墜落したものと断定された。午後四時には、ドナルドのもとに事故の第一報が届いた。『アトランティック・シティ・プレス』の記者はその午後、ニューヨークのドナルドに電話でインタビューした。それによると、ドナルドの声は「感情が激して途切れがちだった」という。

「参ったよ、すっかり参ってるんだ。どうにも信じられないね。最初にそのニュースを聞かされた時には、本当でないことを願ったよ。いろんな情報が入ってきたが、間違いであることをひたすら祈っていた。『どうか、何かの間違いでありますように。みんな無事でありますように』ってね。そのうち事故の真相が知らされた。なんと言っていいやら、まったく……」彼の声はそこで途切れた、と新聞は報じている。後にトランプ・オーガニゼーションは公式に哀悼の意を表した。「このすばらしい三人の若者は人生の盛りにいたのです。彼らはかけがえのない立派な人たちでした。このたびの大惨事に対して深く哀悼の意を表します。またご家族の方々には心よりお悔やみ申し上げる次第です」

ドナルドは火曜日の午後八時頃アトランティック・シティのベイダー・フィールドに到着し、専用ヘリのスーパー・ピューマから降り立った。多数の報道記者やテレビ・カメラマンを素早く振り切って、待たせてあったリムジンに乗り込み、二マイルほど離れた島の観光都市、マーゲイトにあるマークの自宅に直行した。マークの未亡人のローレン・エテスに会い、抱き合って最初に口にしたのが、「レンタルのヘリコプターで帰るなんて、まったくどういう気だったんだろうな?」という言葉だった。ドナルドがいろいろ気を遣っていたのは確かだが、墜落したのが彼のヘリではなかった事実を強調しているように聞こえた。こんなに心が乱れているさなかでも、訴えられるのを恐れて予防線を張ることを考えたのだろうか?

ドナルドは翌日の午後プラザの会議室の一室で、総勢一〇〇名ほどの管理職を集めて会議を開いた。彼は部屋の正面の小さな演壇に上がった。「今度の事故は恐ろしい体験だった……ほんとにひどい、恐ろしいことだ。私はまだショックから立ち直れないでいる。あの三人は途方もなく元気一杯な連中だった。またすばらしい友人だった。こんなふうに彼らを褒めたたえたところで、なんの役にも立ちはしない、いたずらに悲嘆にくれるばかりだ……。ひとつ何か彼らの記念になるようなすばらしいことをしようじゃないか……このビルの中に銅像を建てるとか、何か立派な記念碑を考えるとしよう。何にするかはまだわからないが、きっとすばらしいものになるだろう」

それから私の方を向いて言った。「さて、今問題なのはこの件だ……私はジャックのことはほとんど知らないも同然だ。だが、彼がここですばらしい業績をあげているのは承知している。彼はこのカジノを立派に取り仕切ってきた。それにスティーブが彼を非常に信頼していたことも知っている。私にはいつもそれだけで充分なのだ。スティーブが信用している人物なら、私も信用することにしているのだから。ジャックと私はこれまで以上に力を合わせて仕事に励み、万事うまくいくようにきちんと処理しなくてはなるまい」

ドナルドは私にあとからそっと、自分が中傷される可能性を指摘した。「ねえきみ、ライバルはこの機にあらぬ噂を流して、俺をやっつけないとも限らないからね」だが問題のヘリを予約した経緯がわかっていたので、その疑惑は拭い去られた。第一そのヘリは、前もってチャーターしたわけではなかった。調査当局でも同じ結論を下し、全米運輸安全委員会の州委員会長のフランク・ギオルジーは「何か汚い手が使われたことを示す証拠は何もなかった」と語った。だが墜落事故についての初動捜査報告が出されるまでは、みんながみんな、その疑念をきっぱり打ち消す気持ちでいたとは思えない。少なくともドナルドがそうでなかったのは確かだ。「誰かが手を下したのかどうか？　そいつは誰にもわからないさ。俺たちだってわからないんだから」彼は事故当時そうもらしていた。

「バブルの時代」は終わりかけていた

マークの葬儀には一〇〇人を超える参列者が哀悼の意を表した。故人の弟のミッチェルが悲しみに溢れた感動的な弔辞を読み上げた。終始声が途切れがちで、ついに耐え切れずに泣き出してしまった。その午後、マークの遺体はニュージャージー州、パラマスのセダー・パーク墓地に埋葬された。

その後ドナルドはトランプ・プラザに戻って、我々と合流した。ロバート・トランプやトランプ・オーガニゼーションの専務ハーベイ・フリーマンらとともに私のオフィスで午後のひとときを思い出話で過ごした。そしてこのように途方に暮れた状態にある職場をまとめていくには、まず何から手をつけたらよいかを話し合った。ドナルドは生まれつき思索的なタイプではないので、過去を振り返ったり、将来のことをくよくよ思い煩ったりは決してしない。「それでも人生は続くんだ」と言い、その後も何日かは、何かにつけてこの言葉をたびたび口にした。そして日ならずして立ち直り、いつもの業務に復帰した。

ドナルドはミッチェルの弔辞を評してこう言ったものだ。「まったく、ミッチェルときたら途方もないことをしたもんだ！　まるで子供じみてたじゃないか。俺なら人前で感情に溺れて、醜態をさらすようなことはとてもできないね。ああいったことはどうしてもできそうもない」

私ははじめ、あきれてものが言えなかった。だがすぐに、言い方がまずいだけで、彼は褒めているのだと気づいた。

「そうですねえ、あの弔辞は愛情に溢れてましたよね。だからこそ、あんなふうになってしまったんでしょう」

「ああ、そうだよな。でもあんな見苦しい様を人目にさらしたいとは思わないね。あんな羽目になるのはご免だ。絶対に……あんな醜態は絶対に誰にも見られたくはないよ」

これを聞いて私は、こうした試練の時も含めてどんな場面でも彼がハンカチに手を伸ばそうとはしないことをはっきり悟った。スティーブ・ハイドを失ったことがどんな経済的損失をもたらすか、とりわけアトランティック・シティにつぎ込んだ一〇億ドルを超す資金がどういうことになるかを、彼は確かに察知していた。また、スティーブやマークとの友情を失って悲しんでいたのも確かだ。この点では、今度の事件はドナルド個人にとって、これまでに体験したことのない、数年前に兄を失った時にもまして大きな悲劇だったと言えよう。ドナルドはそれほど多くの友人はもっていない。それだけにスティーブとマーク・エテスは二人とも、自分に誠実な友情を抱いていてくれたと信じていた。

その週、ドナルドはアメリカン航空の意図的な乗っ取りの件で手こずっていた。この会社は当時、国内で最大級の航空会社に数えられ、経営状態はきわめて安定していた。この乗っ取り計画はこれまでの買収のもくろみの中でもひときわ強引なやり方だったが、彼の思惑通りには一向に事が運んでいなかった。ヘリコプター墜落の惨事があった翌日の水曜日、ニューヨーク証券取引所の相場は狂乱した。市場では、アメリカン航空の親会社であるＡＭＲ社所有の、二〇〇〇万を超える持ち株が一挙に暴落した。ドナルドは市場に売りに出されていた五八〇〇万株に対して一株一二〇ドルの指値をつけ、総額七〇億ドルにのぼる攻勢をかけていたが、終値が買い値の九七ドル八分の一まで下がるに及んで、数百万ドルの損失を被った。

ドナルドは三年前にギャンブル業界に殴り込みをかけた時の手口をそのまま踏襲して、お得意のゲームを楽しんでいた。私が見たところでは、どうやら彼は航空会社が儲かることに目をつけ、取締役会のメンバーの更迭を図って株価を釣り上げるか、または会社側が白旗を掲げて高価格で自社の株を買い戻さざるをえないように仕向けようというもくろみらしかった。どちらにしても、彼のふところにはがっぽり転がりこんでくるという寸法だ。

ある時点で、彼は電話で探りを入れている。「今度はいつ売り抜けたらいいかな？　今はどうだ？　駄目？　待った方がいいって？　俺もここは辛抱のし時だと思う……そうだとも、長いこと待てば待つほど、向こうはこっちが何かたくらんでいるに違いないって思い込むからな」

だが今度ばかりはドナルドも手を打つタイミングを誤ったようだ。キャンポウ社の小売店連合と百貨店連盟の買収は史上最も高額のレバレッジド・バイアウト（買収先の資産を担保に借金し、企業買収を図る方法）となったが、九月になって同社が、その買収資金を調達するために発行したジャンク・ボンドの利息の支払いを停止すると発表したことが引き金となって、債券市場は混迷していた。このニュースを受けて、ユナイテッド航空のレバレッジド・バイアウトのための六七億ドルの資金調達の糸ももつれはじめた。大手の銀行はユナイテッド航空の買収計画をぶち壊しにかかった。

だいぶ以前から恐れられていた、ジャンク・ボンド市場の崩壊が水面下で進行していることを知らせる警報が鳴っていた。一〇月のあの悲劇のあった週にはずっとサイレンのようにやかましく鳴り響いて、騒然とした一九八〇年代の終わりを告げていたのだ。この一〇年間は「トランプの時代」ともいうべきで、濡れ手で粟の金儲け、債券による資金調達、企業国家アメリカを標榜した略奪、といった荒っぽい手口がまかり通った時代だった。

トランプが涙を流した時

一〇月五日にドナルドがアメリカン航空の株の公開買い付けを宣言した時、AMRの会長で航空業界随一の手ごわい大御所、ロバート・クランダルは屈服するどころか、決然とこれを受けて立った。キャンポウ社とユナイテッド航空の失態で大金を巻き上げられた投資家たちは、用心して傍観者の立場をとった。日ならずして、ドナルドは議会でも攻撃の対象にされた。議会は、航空会社が乗っ取られて資産の売却を図られたり、組合との契約をほごにされるような事態になっては、空の安全が危ぶまれると考えたのだ。組合もその声に同調した。国内の主な空港では、アメリカン航空の手荷物運搬係がその台車に、トランプに反対するスローガンをでかでかとなぐり書きしていた。

日が経つにつれてAMRの株価は下落してきた。マークの葬儀があった一〇月一二日の木曜日には、ドナルドが買収した株に支払った買い値を二二ドル下回る価格で売買された。金曜日にはダウ・ジョーンズ社が、債券市場の混乱で尻に火がついて大量の売りに走り、暴落している相場をさらに一九〇ポイントも下落させた。株券の額面価格からざっと二〇〇〇億ドルが目減りしたことになる。ある証券アナリストはニューヨーク株式市場の立会場のありさまを、「感情的にも心理的にも混迷の極に達している」と評した。

ＡＭＲの株価は次の週もずるずる下げ続けた。たった二週間のうちに、ドナルドの持ち株は一株について四五ドルも値を下げてしまった。ＡＭＲの取締役会が会議を開いてドナルドの付け値を検討する予定にしていたその当日、ドナルドはクランダルに買い付けを撤回する書状を送った。ウォール街では、彼はどうしても銀行からの融資が受けられなかったのだ、というのがもっぱらの噂だった。

ドナルドは明らかに、墜落の惨事が引き起こした感情の動揺にうまく対処できない様子だった。彼はそもそも、自分以外の人のことを本気で気にかけたり、真心のこもった感情を抱いたことがあるのだろうか？

あの墜落事故のあった日の夜、彼とともにあちこち歩き回った人から聞いたところでは、ドナルドはひどく不安げで、孤独な思いにとらわれて自宅の家族のもとに帰ったようだ。彼の目には一晩中恐怖の色が消えなかった。そして何度も「あの連中が死んだなんてとうてい信じられない。そんなことがあってたまるか。ありえないことだ」と繰り返していたそうだ。その恐怖の念は自分自身のためのものだった。彼にとってかけがえのない人物を二人も失ったのだ。マークはトランプの名前を派手に飾り立てて宣伝し、プロモーターとしてトランプのイメージを強力に打ち出す役目を果たしてくれた。一方スティーブはマネージャーとして、また経営者として、すべての部署を統括し、ドナルドの一番の弱点である「行きすぎ」を抑えてくれた。

スティーブは一〇月一六日の月曜日に、故郷のユタ州の町にある、ケイズビル・メモリアル墓地に埋葬された。彼はこの地で生まれ、この広々とした西部の空の下で育ち、今再びそこに帰ったのだ。その三日前の金曜日の夜、ニュージャージー州、ノースフィールドの斎場には、大勢の群衆が故人との最後の別れに詰めかけた。弔問者は戸口からはみだし、二区間に及ぶ長蛇の列をつくった。生前のスティーブと決して仲がよかったとは言えないイバーナは、自分の感情にまったく忠実に、少し離れた場所に立っていた。

ドナルドもその夜は群衆の中に交じっていた。だが一度だけみんなから離れて、蓋をした柩《ひつぎ》の方に歩み寄った。彼はしばしの間一人でじっと立ち尽くし、頭を垂れて柩のかたわらに飾ってあるスティーブの遺影に見入っていた。私が立っていた場所からは、彼の顔が見通せた。その表情には今はじめて悲しみの色が浮かんでいた。深い悲しみの表情だった。きっと泣き出すに違いないと思った。彼は本当に泣いていたと思う。涙を流しているように見えた。その時以来、ドナルドがこれまでにもまして孤独な人間になったのは間違いないと言えよう。

だが彼はすぐに我に返って落ち着きを取り戻した。柩の前から引き返し、いつもの冷静な表情でそっと人混みの中に戻っていった。その後彼はもう一度、リサと私やロバート、ブレイン、ハーベイといった人たちのところへ戻ってくると――リサに向かって言った。「さて、これからはお宅のご主人を大いに頼りにすることになりそうですよ。今度は彼の出番ですからね。いよいよ実際に打席に立たされる番がきたというわけですな」

10 トランプ一流の保身術

友人の死すらも交渉の武器に

悲劇の直後には多くのお悔やみの電話がトランプのもとに寄せられたが、その中の一つに精力的な地元の弁護士で彼の友人でもあるパット・マガーンからのものがあり、彼を実にうんざりさせた。ドナルドが私に語ったところによると、海兵隊上がりのマガーンは、ニュースを聞いて一時間もしないうちに電話してきてこう言った。「なあ、ドナルド、彼らは戦争の犠牲者さ。そんなもんだよ。人生とはそんなもんだ。そうやって過ぎていくんだ。きみはときどき戦闘でいい兵隊を失う……だが新兵たちが入ってきて、人生は続いていくんだ。前進する時もあれば、考え直したり再編成したりする時もある。誰を使って何をどう進めていくべきかを計算するのさ」

ドナルドは腹を立てて、私にそのやりとりを詳しく話した。「こんなひでえ奴、信じられるか？　一時間もたってないんだぜ！　俺がここに座って失った友情について考えていたら、あいつは俺にそんなことを抜かしやがったんだ」

だが、ドナルドは冷静なところも示した。一九八九年三月に彼は、トランプ・プラザの駐車場の前のミズーリ街にあるペントハウスの小さなレストラン用資材供給店を買い取ることで、ある地元のビジネスマンと合意に達したと発表し、契約交渉は一年ぐらい長引くことになると結んだ。ドナルドははじめ、彼にはその物件は必要ないし、一等地の地価を下げるためにも一平方フィート当たり一〇〇ドル以下で契約を急ぐよう主張した。しかし、店舗の所有者は一五〇ドルを譲らなかった。交渉の行き詰まりは『ニューズウィーク』誌の表紙にさえ取り上げられた。ついにドナルドは不承不承ながら先方の言い値に合意し、その物件に二二〇万ドルを支払った。実際には、物件の取得を成功に導いたのはスティーブであり、彼は交渉の過程で店舗の所有者の信頼を勝ち取っていたのだった。最終売却契約には、三年以内に明け渡すという一項が加えられた。ドナルドはそれを受け入れた。しかし彼はだんだん我慢できなくなり、所有者に早く出ていかなければ店を取り壊すといって説得するよう、私に依頼してきた。事故の余波は、いまだ彼に感情的な混乱を残していた。

葬式がすんで間もないある日、ドナルドと私はトランプ・タワーの彼のオフィスにいたが、彼は再びそのことをもち出した。「もうあいつに接触したか？」彼はたずねた。

「いえ、まだです。会おうとしてるんですが、何度か電話連絡がつかなかったもので」私は答えた。

ドナルドは受話器を取り上げて同時通話のスイッチを押すと、言った。「今すぐ彼に電話しよう」

呼び出し音が二、三回鳴ったあと、所有者が電話に出た。

「ボブ、元気かい？　ドナルド・トランプだ」

彼らはなごやかに挨拶を交わし、それからトランプが用件を切り出した。「スティーブからきみを高く買ってたことは聞いてたよ。きみがどんなにすばらしい男で、今度の件で彼がどれほどきみとの交渉を楽しんでやってたかってこともね」

「そうなんだ、スティーブは大好きだったよ。実にいい奴だった。まったく、なんという悲劇だ！　なんて損失だ！」

彼らはしばらくスティーブのことを話し合った。それから驚いたことに、ドナルドはこう言ったのだ。「そうだ、ところで、スティーブが死ぬ数日前に、我々はたまたまそのことを話してたんだ。で、スティーブはきみが六か月以内に出るつもりだと言ったと話してたんだがね」

相手は驚き、混乱した。最初は、ためらっていた。彼は不思議がっていたに違いない——スティーブが自分をあざむいてこんな嘘の約束をした？　彼がそんなことを言うとは信じられない、そう彼は言い聞かせる。しかし彼は今、スティーブを嘘つき呼ばわりするような立場に立っているのだ。彼の声からははっきりと、自分がいかに不愉快な思いをしているかがうかがわれた。

「トランプさん、私は……私はそんなことを言った覚えはありませんね」彼は答えた。

さて今度はドナルドが驚く番だった。「なんてことだ、こんな時にスティーブを悪者にしないでもらいたいな。彼は私にそう約束したし、きみと彼とでそう決めたと言ったんだ」

「スティーブは私にどうするつもりかたずねはしたが、私は約束はしなかったし、彼もそれ以上は要求しなかった」店舗の所有者は言った。

ドナルドは繰り返した。「だがスティーブは私にはっきりと約束した。私にそう約束したんだ」

私はその時、それが本当のはずはないと気がついた。トランプ流のやり方で何度も繰り返し繰り返し攻撃しているにすぎないと。会話はそんな調子で一、二分ほども続き、それから、早めに移転する可能性について検討してみるという店舗の所有者の口約束のほかにはなんら確定的な合意に達することもなく、彼らは電話を切った。

電話を切ったあと、トランプは言った。「なあ、言ったかどうかは知らないが、それがどうだってんだ。本当かどうかなど……スティーブは気にしないだろうよ。一つには、それであの男に圧力がかかるってことだ。何の違いがある？　スティーブは死んだんだ」

トランプ好みの経営スタイルとは

ドナルドは私への信頼や彼に対する私の忠誠心を断言していたにもかかわらず、私はまもなく、彼が依頼したある個人調査の対象となっていた。トランプ・プラザの重役の一人がアーグスタ（その一族は最終的に非公開の金額で示談に持ちこんだ）を訴える計画について電話で討議している最中に、彼はたずねた。「ジャック・オドンネルはどうだい？　彼のことで何か話は？　彼は従業員に好かれてるのか？」その重役が、なぜそんなことをたずねるのかと聞くと、トランプは答えた。「つまり、本当のところ私はジャックをそれほどよく知っちゃいないんだ。彼はスティーブの部下だったんでね」

しかし、もしドナルドが彼の組織での私の将来について疑念を抱いていたとしても、私もまたそうだったのだ。私が自分の将来を託せる人たちは逝ってしまった。有能なパイプ役たちは、トランプ・タワーのひさしの陰に去っていってしまったのだ。

一〇月の終わりに、〝スティーブの部下たち〟の一人が去った。トランプはトランプ・キャッスルの副社長のエドワード・M・トレイシーが、取締役社長で最高業務担当役員のポール・ヘンダーソンと交替すると告げた。三六歳のトレイシーは、七月にキャッスルにやってくる前は、プエルトリコのサンファンにあるサンズ・ホテルとカジノの副社長兼支配人だった。ヘンダーソンは国際マーケティング部門に移り、しばらくしてひっそりと組織から退いた。

一方トレイシーは、トランプの流儀に合う数少ない人物といってよかった。仕事を引き継いだあとはじめてのキャッスル従業員の四半期会議の席上、トレイシーは演壇で自己紹介し、続いてこの種の会合で予想される、いわば動機づけ的なスピーチを行った――その場にいたある人物の記憶によると、そのスピーチは四文字の下品な言葉で埋めつくされ、聴衆にショックを与えたが、大部分はその種の言い回しに慣れていない年配の従業員だった。不満の声があって、それ以後、次の会議では比較的おだやかな調子になった。しかしその出来事は、精力的な経営スタイルの表れという印象をトランプに与えた。すっかりビジネスに没頭しているトレイシーの様子に、ドナルドは、自分自身に似たものを見て取ったのだった。

まもなく私は、アトランティック・シティにあるトランプ企業の運営上の権限や職権がくつがえされるという、予想をはるかに上回るような状況に立ち会うことになった。その夏、マークが先頭に立って、トランプの傘下に有名な歌手や芸能人を何人か集めるため、一連の交渉が行われた。彼はプレミア・アーティスト・マネージメントのエリオット・ワイズマンという名の男に接触して、スターたちのアトランティック・シティでの契約を、まとめて彼に独占委託する契約を取り決めた。出演者の中には、フランク・シナトラ、ライザ・ミネリ、サミー・デービス・ジュニア、ポール・アンカ、スティーブ・ローレンスとイーディー・ゴーメなどがいた。契約の内容は二年もしくは三年間、年に一定回数出演し、ギャラはショーごとに支払うというものだった。費用と出演回数はプラザ、キャッスル、タージ・マハールの間で配分されることとなった。

これらのスターたちを満足させるために、かなりの数の演奏者をカジノにそろえられるかどうかが、我々にとってはきわめて重大なことになった。ゴールデン・ナゲット社でのシナトラ、ライザ、ポール・アンカのショーは成功した。しかしそれ以降、アトランティック・シティのマーケットでは、彼ら全員が出演しすぎともいえる状態に達した。年に一五回から二二回もショーがあったのでは、裕福なギャンブラーをやってこさせる動機とするのは、年を追うごとにむずかしくなっていった。

加えて、これら出演者の幾人かは、自由に使用できるものを過度に要求してきた。たとえば、ライザは自分のためにビーチハウスを借りるよう求めた（ある時など、ゴールデン・ナゲット社では、ご機嫌をよくしておくために彼女のクルー全員に新しい服を買い、プレゼントまでしなければならなかった）。こういった費用のせいで、採算を取るのがしだいに困難になりはじめた。ショーをやっても利益は上がらず、彼らが金持ちのプレーヤーを引きつけることはなくなり、新しいマーケットにありつこうとしている我々にとって彼らは何の助けにもならなかった。

　幸いなことに、シナトラとアンカは例外だった。ポールのギャラは三万七〇〇〇ドルだったが十分採算が合い、我々の常連の賭け手たちからも少なからぬ人気を博していた。ポールはまた協力的でもあった。彼が注文をつけたのは、昼間仕事ができるように、ちょっとした事務用のスペースがついている一寝室のスイートだけだった（実際には、我々は二寝室のスイートを改造して、寝室の一つをオフィスに変え、そこを〝アンカ・スイート〟と呼んだが、そのことは顧客たちの間でも話題になった）。

　フランクは長年ラスベガスで仕事をしてきたから、我々の商売を理解していた。彼はステージの仕事が好きで、前もって予定がない限り、休日や大みそかを含めて年中いつでも出演してくれた。彼にはホテルの最高のスイートを用意する必要はなかった。居心地のいい部屋で、彼の弁護士や仕事関係者と一緒に利用できるように、続き部屋が二つついているだけでよかった。しかし、シナトラのショーを催すに当たっては、あちこちにテレプロンプターを設置するためステージを作り直さなければならなかった。というのも、彼は自分の持ち歌の歌詞を全部覚えているわけではなかったからだ。そのために少なからぬ出費があり、ステージには床をくりぬいた穴がいくつかそのまま残ってしまった。

　エリオットがすべての契約を一括して結ぶことを主張したため、交渉は複雑になった。私はこれには反対した。スティーブはいくぶんためらったが、優れたエンターテイナーたちと独占契約を結べばトランプのイメージがよくなるだろうという点で、マークに同意した。マークはまたタージ・マハールの開業のことまで考えていた。オープンする前から二、三年分の主要な日程の半分ほどを埋めておけるのは、彼にとってすばらしく有利なことだった。マークは議論の末、たとえ一つのホテルでこのスターたちをまかないきれないとしても、三つのホテルに交互に出演するようにすれば経費削減になるだろうというアイデアを、スティーブと私に売り込んだ。こうしてその夏、この取引はトランプに報告され、彼の承認を得た。

九月にはマークはエリオットとの交渉の大半をすませた。契約書にはまだサインしていなかったが、趣意書は作成されてマークのサインずみだった。

お前が泥をかぶれ、のトランプ主義

ところが事故のあと、エド・トレイシーは直ちにキャッスルに手を引かせた。タージ・マハールも同様に手を引いた。ドナルドは私を呼んで、こう言った。「トレイシーはこの連中を欲しがってないいよ。彼はあいつらは役に立たないと思ってるし、私もそうだ。きみはどう思う?」

私は我々が本当に必要としているスターたちのことで、どのように交渉が進んでいるかを説明した。しかしドナルドは詳しい話を聞こうとはしなかった。彼はこう言っただけだった。「ジャック、私を煩わせせんでくれ。こんな面倒はまっぴらだ」

「ドナルドさん、我々はこのうちのいくらかはすくい上げられると思います」私は答えた。「聞いて下さい、マークがこの交渉を進めてきたのは、我々が……」

彼は話をさえぎった。「なあ、ジャック、ちょっと言わせてくれ。マークは今度のことでは決してうまく交渉したわけじゃない。彼が何を考えてたか知らんが、私はこの取引がまったく気に入らなかったんだ」そして彼はかなり憤慨してつけ加えた。「もっと言えば、マークは私の金を無駄に遣いすぎたんだよ。スティーブも責められるべきだ。彼はしかるべき監督をしてなかったんだからな。マークは……知ってのとおり、いい奴だった……だが金を遣いすぎたんだ。だからこそ、これは彼の取引じゃないんだよ」

ドナルドがマークとスティーブのことをそんなふうに言うのを聞いたのは、それがはじめてだった。私はショックを受けた。

個々の契約に関する交渉を拒まれて、エリオットの立場はさらにむずかしくなり、我々に最初の取り決めに従ってすべての交渉を再開するよう要求してきた。そうしない場合は告訴すると脅した。

ドナルドはショービジネス界で自分の名前が汚されるのを恐れて、かかわるのを拒否したため、事態はますますやっかいになった。エリオットがドナルドに文句を言いにいった時、彼は取引の救済を再保証したのだ。彼はエリオットに、私に会って解決するようにと言った。それからドナルドは私に電話した。彼はきわめてオープンに自分の考えた逃げ口上を話した。「いいか、ジャック、たった今エリオットと話したところだ。きみに会って、事を解決するようにと言った。だが、ジャック、彼の言うことを聞くんじゃないぞ。こんなクソ取引はいらないんだ。私は関係ないからな。彼の言うことには全部同意した。彼には取引はすべてきみとの話し合い次第だと言ってある。だから彼と話し合ったりするな。何があっても話すんじゃないぞ。私は絶対にかかわりたくないんだからな。だが、ネズミ野郎をここにいさせたくないから、彼にはそう言った。あんな奴にノーと言ったりしたくないからだ。だからきみもそうでなきゃいかん」

これが誰知ろう、身を守らなければならない時に用いる、いかにもドナルドらしいやり口だった。この場合、彼は非情で実務的なビジネスマンでいたかったのだが、そう思われたり腹を立てたりされて悪名を馳せたくはなかったわけだ。

エリオット・ワイズマンは憤激したにちがいない。ボスのトランプに会って話を進めるようにと言われたのに、アトランティック・シティのトランプの部下である私と話し合おうとすると、交渉を拒否されたのだ。私が腹を立てたのは、少なくともマークの名前が攻撃の的にされたからというだけではなかった。マークはエリオットとはグロシンガーズにいた頃からの長年のつき合いだっただけでなく、この取引については彼に委託することをかなりはっきりと確約していたのだ。

一〇月と一一月には電話のやりとりが飛びかった。ついにエリオットは、マークのサインずみの趣意書は有効契約とみなされる旨の法律文書を、我々に送りつけた。もし契約を守らなければ、訴訟に直面することとなった。

「いいよ、エリオット。訴えてくれ」私は言った。

ポール・アンカはこの論争のあおりをまともに食らって、私に個人的に電話してきた。

「なあ、ジャック、どういうことなんだ？　この馬鹿げた話はおおよそは聞いたよ。つまりぼくはもうプラザではショーをやれないってことなのかい？」

「ポール、私はエリオットに一〇〇回も説明してきたんだ」私は言った。「今度のことはきみには影響ないよ。私はきみと一緒に仕事をしたいと思っているんだ。唯一の問題は、最初の約束では三つのホテル全部で公演することになってるってことだ。我々は白紙に戻そうと努力している。解決したら、きみのショーはこの先二年か三年間はトランプ・プラザだけでやることになる。私のほうには異存はないがね」

「ぼくを知ってるだろ、ジャック。きみのところでやろうが、タージ・マハールだろうが、どこだってぼくはかまわない」ポールは言った。「ぼくらは長いこと一緒にやってきたんじゃないか。ゴールデン・ナゲット社に戻るんだよ。ぼくはトランプ・プラザで仕事をするのは好きなんだ。エリオット・ワイズマンは必要ない。今ここにぼくの弁護士がいるから、決めてしまおう……きみのほうでぼくに問題がなければね」

「あるわけないさ、わかってるだろ」私は言った。

「オーケー、それじゃ、去年どおりにやろう」

「結構だ」私は言った。

「ショーごとに二五〇〇ドルのアップでどうだい？　問題ある？」彼はたずねた。

「ないね」

「決まりだ、契約書を作ろう」

そのとおりに事が運んで私はうれしかった。ポールは深い感銘を与える歌い手で、カジノの多くのトッププレーヤーたちに人気があったが、それだけでなく、彼自身なかなかの腕前のギャンブラーでもあった。事実、彼は我々のリストの中でも評価の高いプレーヤーで、スターたちでさえめったに受けられない待遇――自家用ヘリでニューヨークを行き来するような――を得られたのは、プレーヤーとしての評価によるものだった。ポールは我々の言う「三拍子」揃ったパフォーマーだった。チケットをさばき、常連の顧客を魅了し、自分のツキにチップを賭ける。ショービジネスの連中の中で彼こそ唯一、三拍子揃ったと言える人物だった（フランク・シナトラはその信望から浮かぶイメージとは逆で、決してギャンブルを楽しむタイプとは言えなかった）。

しかしこういったエピソードの中で私が何よりもうんざりしたのは、ドナルドがマークに対して怒りをぶつけたり、マークの残した業績を皮肉をこめて攻撃したりしたことだった。私はこういうことが続いていくのではないかと懸念した。

11 バブルの申し子

トランプが編みだした錬金術の正体

トランプは一九七〇年代の終わりから一九八〇年代のはじめにかけてのマーケット購買力の乏しい時期に、大成功を収めることができた。その後経済が回復し加熱してくると、座っているだけで彼の資産は支払った額の三、四倍にはね上がった。ブームが頂点に向かって進むにつれ、トランプはさらに獲得していくための財務処理を、大きな塊の銀行借入金にして積み上げていくことができた——一〇年間の購入賦払金の額は成層圏に達するほどだった。

彼の資産はその価値を上げ続けるだろうというのが主要な前提だった。トランプは長い間この前提に支配されていた。というのも、彼以前の多くの者と同様、彼もまた権力に向かって上昇する者が学ぶべきことをないがしろにしたからだった。建物や所有物にトランプの名前をつけることがその価値を保証する、と彼は信じ込んでいた。景気後退など、自分には影響を及ぼさないと信じていた。なぜなら彼の所有物は「トロフィー」なのだから、より高い値段を申し出てくる誰かをいつでも見つけられる、と。

アーサー・アンダーソンの会計監査報告は面白からざる目覚めを引き起こした。それにはニューヨークのプラザ・ホテルとトランプ・シャトルの営業収入の不足が指摘されていた。一方でドナルドがもっているパーム・ビーチ、グリニッチ、コネチカットの私有地は莫大な経費を食い続けていた。加えて、自家用飛行機、ヘリコプター、そしてもちろん、トランプ・プリンセス号の維持費も。

すべてを総合すると、一九八九年の終わりまでには、控えめに見積もってもトランプ帝国は年に一億ドル、月に八〇〇万ドル、日に二八万ドルに近い割合で出血し続けることが予想された。

その時、もしも私がそういったことをすべて知っていたとしたら、自分の予算案会議についても、もっと気に病んだことだろう。しかし、私は唯一の朗報を組織にもたらすところだったから、楽天的だった。トランプ・プラザは最高の年を過ごしていた。昨年よりマーケットシェアを伸ばしたのはたった四か所のギャンブル場で、我々はそのうちの一つに入っていた。総収入で三億九六〇〇万ドル、三億七五〇〇万ドルと二年連続シーザーズを打ち負かしただけでなく、はじめて彼らをギャンブル総収入第一位の座から追い落とすことになった。我々はライバルより三〇〇万ドル以上儲けただろう。しかしそれでもドナルドにとっては十分でなかった。シーザーズが一九八八年に挙げた三億八〇〇〇万ドルの記録を我々が打ち破るのは確実だ、とドナルドの経営コンサルタント、アル・グラスゴーが彼に確信させていたのだ。

我々の一九九〇年の予算案は来たるべき経済不況に対する懸念を反映していた。私の見通しは、横ばいではあるが、現状は維持できるだろうというものだった。これは楽観的な査定だった。実際には、現状維持できればかなりの幸運で、タージ・マハールの開業に伴って、我々のカジノの収入は減少しそうだった。

私はこれらの数字をたずさえて一一月にニューヨークのトランプ・タワーへ出かけた。最初にロバート・トランプ、ハーベイ・フリーマンの二人と、ハーベイのオフィスで話し合った。

私は彼らに、我々は営業収入を六四〇〇万ドルと見積もっていると告げた。その数字は一九八九年の見積もり額を下回っており、そのためロバートとハーベイは気分を害した。それは現実的な目標額で達成可能なものであり、タージ・マハールがマーケットに参入して得るであろう適度な増収分を見越して見積もられていた。我々は街のランクの上位もしくはトップになれるだろうと予想していた。ロバートは何も言わなかった。ハーベイは目を伏せ、頭を振って言った。「それじゃ駄目だ」

私は言った。「ハーベイ、これは現実的な数字です。今現在の傾向なんです。これが街で起きはじめている状況なんですよ」

彼はため息をついて、言った。「いいかい、これじゃ説得できるはずがないよ。我々は上げなきゃならんのだ、常に上がってなきゃならん。我々は多忙で、上昇しているという絵を描かなければいかんのだよ」

「私たちはいつも多忙ですよ」私は言った。「それに上昇もしています。今でもかなりの利益を上げ続けています。しかしマーケットは変化しています。今年は何か重大な変化が起きていて、誰にもどうしようもないんです。これが現実です。私たちを幻想の世界に住まわせておこうとでも言うんですか？」

「わかった、それではドナルドに話にいこうか」彼は言った。

「商売は下降できないんだ」

我々が入っていくと、ドナルドは背後の大きなガラス窓に縁取られて、デスクの前の椅子に深々と座っていた。その向こうにプラザ・ホテルの壮麗な小塔が望めた。ハーベイが厳しい口調で言った。「ジャックから予算案のことで悪い知らせがあります」

私はハーベイを見やって、それからドナルドに目を向けた。彼はいきなり座り直すと、デスクの縁にライフルの台座のように肘を立てて身をかがめ、肉厚の幼く見える両顎の間の唇をすぼめた。私は居心地の悪い思いで、椅子の上で少し身じろぎした。これはまったく私の予想に反する状況だった。

「その、悪い知らせと思われるかどうかはわかりませんが」私は言った。「我々はカジノの総収入を三億一〇〇〇万ドル、営業収入を六四〇〇万ドルと見積もっています」

ドナルドは顔をしかめた。「なんてこった」彼は叫んだ。「話にならんよ、ジャック。まるっきり話にならん。きみは間違ってる。商売は下降できないんだ。商売が下降していくなんてのはありえないことだ。私は来年の営業収入を九五〇〇万か一億ドルと予想している。きみはその数字をどうやって我々に提供できるんだ？」

「ドナルドさん、私はあなたに誠実でありたいんです」私は言った。「我々は長いことかけてこれらの数字を検討しました。私の頭の中から引っ張り出したものじゃありません。我々が一九九〇年を楽な年にしようとしているわけじゃないのはおわかりでしょう。ここにある数字は楽に達成できるものじゃないんです。これが現実なんです」

「どういうことだ、ジャック？　下降するような問題でもあると言うのか？」

「来年のマーケットはこれまでのようにはいかないでしょう。マーケットは変化しています」

彼は頭を振った。「いや、そんなことはない。きみは見込み違いをしてるんだ。問題などないよ」

「つまり、ドナルドさん、タージ・マハールが伸びてくれれば……」

「タージ・マハールがきみの商売に悪影響を及ぼすはずがない」彼は言い張った。「きみの商売の助けになるだろうよ。タージは怪物になるはずだ。商売が下降するなど前代未聞のことだ、ジャック。寝ぼけてないでまともな数字を出してくるんだ」

「ドナルド……ええ、長期的に見れば、タージ・マハールはトランプ全体が評価される要素になるし、そうなれば我々の商売の助けにもなりえます。しかし、短期的には打撃を与えることになるんです。誓って言いますが、我々は基本的には今年、とくに後半は横ばいなんです。そこにタージが参入してくれば、打撃を受け続けることになるでしょう」

ドナルドは頭を振っていた。しかし私は続けた。「もっと重要なのは、一九八九年はかつてなく競争が激しかったことです。みんながこの商売の一角を占めようとさらに金をつぎ込んだ。マーケットで有利な立場を得ようと、タージの猛攻撃に備えて顧客の定着を図るための金が費やされた。そのことはあなたもご存じでしょう、ドナルドさん。同じ顧客を取り戻すためだけで、より以上の費用がかかることになるんです」

彼は肩をすくめて不機嫌に答えた。「逃れる余地なんかないよ。さっさとくそいまいましい数字を用意するんだな」

私はハーベイをちらりと見た。彼は〝言わんこっちゃない〟という一瞥をよこしただけだった。ついに私は怒った。「わかりませんね、ドナルドさん」私ははらわたが煮えくり返るのを抑えようと努めながら言った。「いったいどうしろというのか、私にはわかりません」

「帰って予算を組み直して、しかるべき額まで引き上げろと言ってるんだよ」彼は言った。

話し合いはそこで終わった。

私はトランプの錯覚を反映した予算案を書き直そうという気もなく、その場を去った。二週間後の一二月のはじめに、ハーベイとロバートがなだめるような態度で、アトランティック・シティにやってきた。

我々はその日トランプ・プラザのイタリアン・レストラン、ロベルトで昼食をともにした。私は経理部長のティム・マランドを同席させた。冬とは思えないような暖かい午後で、海を見渡せるかたわらの窓から陽射しが我々に降りそそいでいた。

ハーベイが会話の口火を切った。「ジャック、トランプ・オーガニゼーションの事実はこうだ。我々は前年よりよくない数字は作成しない。できんのだ。我々は常に積極性を示さなきゃならん。

減収を示すことはできんのだよ」

　ロバートがつけ加えた。「なあ、我々は株式を公開したいと思ってるんだ」

　その同じ頃、ドナルドはおだやかに彼自身の考えを話していた。「私はパートナーを持ったことはないし、今も持とうとは思っていない」彼は『フォーチュン』誌の記者に語った。「しかし私の所有しているもののちょっとした部分を提供することで、私はかなりの金を作ることができた。すばらしい好機だったね」

「我々はここの三つのカジノ・ホテル全部の株を公開することを考えている」ロバートは続けた。「わかってくれ、ジャック。そういうことだから、我々はきみに前年より悪い数字を出させるわけにいかないんだ」

　そこでティムがたずねた。「どのくらいなら受け入れ可能なんですか？　どのくらいをお望みで？」

　ハーベイが答えた。「営業収入九五〇〇万ドルなら受け入れられるだろう」

　ティムが私を見た。私はハーベイとロバートを見た。「うーん……それは無理だ、不可能ですよ」

「ともかく、なんとかやってみてくれ」ロバートが言った。「きみならやれるよ」

　それで我々は経理部に戻って、部下に作成ずみの予算案は十分ではなかったとだけ告げ、我々は営業収入が九〇〇〇万ドル台になるまで、何度でもやり直さなければならないと伝えた。最終的に我々がまとめた予算は九二〇〇万ドルとなった。これに対して、カジノの総収入の見積もり額は三億二七〇〇万ドルにふくらんだ。

ドナルドはこれを受け入れた。しかし、どうやってそれだけの利益を生み出せばいいのだろうか？　その数字はあまりに現実離れしていて困惑するばかりだった。もちろん私には、この数字はドナルドの自尊心と公の場で彼の評価を高める必要性とを満足させるためにでっち上げたものだ、などと部下たちに白状することは決してできなかった。最大の難問は上層部の連中に達成できると信じこませることだった。彼らに信用させるために、わがマーケティング・スタッフたちは最高の見込みを与えるような広範な計画を立てた。一九九〇年の我々の計画では、世界中のカジノで一度に一〇万ドルかそれ以上を賭けるような国際的なギャンブラーのうちの一〇人か一五人くらいを呼び込むという、かなり積極的な展開を企画した。

トランプとローリング・ストーンズ

一九八九年一二月一七、一九、二〇日にコンベンション・ホールで行われたローリング・ストーンズのコンサートは、ドナルド・トランプがスポンサーになったカジノの娯楽イベントの中でも最も高くつき、最も無意味なイベントだった。皮肉にもそのコンサートは、アトランティック・シティのトランプ全体のイベントの中で、彼が最も責任を負ったものであった。

そのバンドは一九八八年にはじめてトランプ・プラザに接触してきて、近くはじまる北米の六〇都市をまわるツアー〝スティール・ホイールズ〟の共催を申し出た。我々は辞退した。高くつきそうだったし、それが我々のイメージにふさわしい宣伝になるとは思えなかった。一般的に、我々のマーケットはロックコンサートを好むような層には適さない、と言われていた。しかしながら、もしも一二月といった低調な時期に、ストーンズのようなグループを適正な金額で得られるとしたら、ロックコンサートの演出をやってみるのも面白いことかもしれなかった。

そういう経緯があって、トランプ・スポーツ&エンターテインメントの社長マーク・エテスが一九八九年の夏、トロントに本拠地があり、ストーンズのツアーのマネージメントをしているBCLエンターテインメント・グループと交渉をはじめた。我々の強みはコンベンション・ホールだった。ストーンズはある公共放送の有料テレビでツアー公演を放送していたが、大きなコンサートの興奮とテレビ番組に必要な詳細な部分を組み合わせられる場所を見つけることができずにいた。コンベンション・ホールは両方を兼ね備えていた。ストーンズが有料放送権を所有し、トランプ・プラザがライブ公演の権利を所有することで、我々は合意した。しかし出演料のことで話し合いは決裂した。ストーンズとBCLは最初、三回の公演の一回につき三〇〇万ドルを求めたが、それはボクシングの大試合と比較しても、カジノが儲けを得られるようなイベントからはほど遠い額だった。

一〇月にマークが死んでから数週間後に、ストーンズとBCLの求めで交渉は再開した。〝スティール・ホイールズ〟ツアーは不調で、彼らは金になる有料テレビ放送を望んでいた。彼らは三回の公演で四二〇万ドルという申し出をもって我々のところにやってきた。このイベントが駄目になるかもしれなくても、もっと適当な出演料を要求できる、と私は確信した。しかしドナルドがいきなり介入してきて、「この仕事をやるんだ。どういう条件でもいいから、とにかくやれ」と命令した。

私はBCLが要求している四二〇万ドルが、なぜまだ高すぎるのかをトランプに説明した。

「座席数が二万二〇〇〇では、どうしようもありません」

「どうしてだめなんだ？」ドナルドが言った。

「ここに値段設定があります、つまり我々はチケットの最低額二五ドルから上限を二五〇ドルと設定しているんです」

ドナルドは驚いた。「たったの二五〇ドルだって？　どういうことだ？　二五〇ドルから一〇〇〇ドルで設定しろ。そうすりゃ収益が得られるだろ」

私は自分の聞いたことが信じられなかった。「ドナルドさん、これはボクシングじゃないんです。もしそんな値段をつけたら、チケットは売れなくなってしまいます」

「だまれ、ジャック、ボクシングが売れたんだ、ロックンロールだって売ってみせるさ」

「一〇〇〇ドルのチケットじゃ無理ですよ」

「いや、売るんだ」彼は言い張った。「おいおい。ローリング・ストーンズを見くびるなよ。トランプを見くびるんじゃない。お前は、お前って奴は何も知らんのだ……私がここのプロモーターだ。これで私は有名になるんだ。お前より私のほうがずっとやり方を心得てるってわけさ」

「ドナルドさん、これが我々が設定すべき値段なんです」私は言った。「これで一〇〇万ドルは埋められます」

それがイベントの失敗につながるかもしれないことなど、彼は考慮しようともしなかった。「ふざけるな」彼は言った。「彼らに四〇〇万ドル払うんだ。そうすりゃ違う値段をつけるようになる」それから彼は、トランプ・プラザの特別プロジェクトの前部長で、マークが死んだあとトランプ・スポーツ＆エンターテインメントのマネージメントを引き継いだバーニー・ディランに、ストーンズの要求額を我々が払えるようにするには一〇〇〇ドルのチケットを何枚売ればいいのかを示すための、経費と収益を分析するよう言いつけた。それは見せかけの収益で、幻想でしかなかった。私の計算では、その額ではおよそ二〇〇万ドルの損失になるのは確実だった。私はそんなものを根拠にして交渉するのを拒否した。感謝祭の休暇は近づいたが、何の契約もなされないままだった。それでBCLが譲歩して、一〇〇〇ドルと五〇〇ドル席の大部分を含むプロモーション用チケットの二五パーセントを買い取ると申し出た。その申し入れによって、イベントは突然、実行可能になった――我々には損得なしになるかもしれないにせよ。私はその件を承認し、契約書は署名されて日付も決まった。

しかし一二月の第一週、最初のコンサートの一〇日前になって、BCLは一回のコンサートにつき一〇〇席以上もの受け取りを拒否し、我々も同様に売ることのできなかった、一〇〇〇ドルと五〇〇ドル席のチケットを戻してきた。不意に、我々は再び莫大な損失に直面した。私はストーンズのツアー・マネージャー、BCLのマイケル・コールに電話した。彼はその時、バンドとともにモントリオールにいた。私は彼に、チケットを返却させるわけにはいかないし、BCLとストーンズは契約違反になると思う、と告げた。

「そうか、いいだろう、我々は演奏しないよ」彼は言った。

「結構だ。やらないでくれ」私は答えた。「おかげで、ずいぶんと節約できるよ」

しかしドナルドは断固として我々に手を引かせなかった。「くそったれローリング・ストーンズが必要なんだよ」彼は私に言った。「みんなにローリング・ストーンズがトランプ・プラザで演奏すると言ってあるんだ。私も見にいくつもりだ。友だちも大勢やってくるだろう。この仕事をのがすんじゃないぞ、ジャック」

私にはその時、私が自分で再交渉するか、もしくは二〇〇万ドルの損失を焦げつかせるかの、どちらかなのがわかっていた。その週はモントリオールのコールと毎日、電話のやりとりをしていたが、どうにもならなかった。ついにある夜、私は自宅から彼に電話した。「きみのホテルの正確な住所はどこだい？」私はたずねた。

「なぜだ？」

「今すぐ飛行機をチャーターしようと思うんでね。これから会いにいくから、きみも私に会う用意をしといたほうがいい」

それから私はニューヨークのドナルドに電話した。「この件の再交渉をしに、あちらへ行こうと思いまして」私は言った。「お知らせしておきますが、成果なしで戻るかもしれません。私はこのまるっきりしようもないことをぶち壊すかもしれませんので」

「ジャック、私はこのイベントをやらなきゃならんのだ」彼は言った。「このイベントをのがすんじゃないぞ」

「ドナルドさん、私はこれをやって二〇〇万ドル損したくないんです。あなたやいろんな人に尻を叩かれてイベントをやるたびに、我々は損してきたんですから。もう一度はっきり申し上げますが、我々は二〇〇万ドル損しようとしてるんです」

「とにかくイベントをのがすな、ジャック」彼は言った。「あっちへ行ってベストを尽くすんだ、だがイベントはのがすな」

翌朝六時に、バーニー・ディラン、トランプ・プラザの顧問弁護士のロジャー・クローズ、そして私はチャーター便に乗りこんでモントリオールへ向かった。我々はホテルのコールの部屋に丸一日カンヅメになって交渉した。私のボスが言い値どおりに支払う用意があるのを彼は知らなかったから、私はバンドが有料テレビ放送を強く望んでいることを有効に利用できた。そのおかげで我々はその夜、出演料を一二〇〇万ドル値切った新しい契約書を持って、アトランティック・シティのわが家へ飛んだ。取引は三〇〇万ドルでまとまった。計算上はトランプ・プラザの損失は約八〇万ドルに縮小した。私がそのことを話しても、ドナルドはそっけなかった。いよいよ彼は儲かるイベントになると信じこんだのだ。おめでとうの言葉は、トランプ・オーガニゼーションではまったく用意されていそうもなかった。しかし、私は英雄になったような気分だった。

ローリング・ストーンズは、私がそれまでに出会ったどの芸能人よりも要求がましく、気むずかしく、論争好きであることがわかった。ミック・ジャガーはトランプ・プラザの名称を、どんな宣伝広告にも載せるなと要求した。我々にはその権利があったから、むろん載せることを主張した。

まずい問題は必ず責任回避

私が恐れていたように、トランプとローリング・ストーンズの提携は、ドナルドが思い込んでいたほど強く客を引きつける呼び物にはならなかった。三回のコンサートはどれも売り切れにはならず、最低額の三八ドル五〇セントの席さえ売れ残った。三回目の最後の夜は、有料テレビ放送はとくに落ちこんだ。ボクシングの場合は、たとえ試合の入りが悪くても、スロットマシンやカジノで儲けられるチャンスがあったが、このイベントでは償えるものは何一つなかった。月末には、ローリング・ストーンズで損した八〇万ドルは、どうやっても埋め合わせられないだろうと我々は認識していた。その頃、ドナルドはシーザーズとの総収入争いに没頭していて、我々は一二月に損失を出したにもかかわらず、その競争の先頭に立っていた。彼は毎日私に電話して二四時間の勘定記録をたずね、それはその年の最後の週まで続いた。その年の終わりには、我々は三億九六〇〇万ドルの総収入を得て第一位の座を占め、彼は大喜びだった。「最高の年だ」彼は言った。

一二月二七日に、ドナルドは例年の家族休暇でアスペンに発った。イバーナは子供たちと一緒に別の便で発った。トランプはマーラを乗せるため自家用ジェットをテネシー州、チャタヌーガにやり、彼女を快適なスキーリゾートの別のロッジに連れていった。しかし彼は出発する前に、我々の獲得した実績についてもう一度私におめでとうを言い、こう約束した。「ジャック、私はきみを大事にするよ。きみはこれまでで一番でっかいボーナスを受け取ることになるだろう」

私はうれしかったが、スティーブとマークがトランプ・プラザの社長在任中にもらった一五万ドルのボーナスと同額で満足だった。私は確かにそれを受けるに足ると思っていた。アーサー・アンダーソンの会計監査報告でも、我々は輝かしい立場にいた。純収益が総収入の五パーセント以上かどうかは、ビジネスが健全財政であることの一般的目安となるが、業界基準によると、それを記録したたった四か所のカジノの中に、シーザーズ、ハラーズ、バリーズ・パーク・プレイスと並んで入るという結果を、我々は生み出したのだった。

トランプがアスペンから戻ったあとも、私はボーナスの話をそれ以上聞くことはなかった。一九九〇年一月には、我々は二三六〇万ドルの総収入を上げアトランティック・シティのトップに立った。とうとう私は、トランプにボーナスの話題をもち出した。彼はたちまち、みじめな結果となった一二月のことに話題をすり替えた。「ボーナスのことで話したいだと？　ジャック、この数字は最悪だ！　こうなるまでお前は何をやってたんだ？」

私はこうなることを見越しておくべきだった。「ドナルドさん、どうしてそれをむし返すんですか？」私は一二月にローリング・ストーンズで出した八〇万ドルの損失のことを話しはじめた。

「ああ、そのことは知ってる」彼はさえぎった。「あれははじめから最悪の仕事だった」

「何を言ってるんです？　あの仕事のことは前もって警告しておいたじゃないですか。あなたが彼らを欲しがったんですよ」

彼は驚いてみせた。「私があの仕事をはじめさせたと言ってるのか？　自分の聞いた言葉が信じられん。あれはマークの仕事だった。私はもっとよく知っておくべきだったよ」

怒りがこみ上げてくるのを感じたが、私は平静を装った。「あなたがこの仕事をやりたがったんです。我々はやらないほうがいいと申し上げました。それでも、あなたはやったんです。なのに今になって、誰に責任をとれと言うんですか？　私ですか！」

彼はほんのしばらく口をつぐんだ。それから言った。「そうだ、あいつらを訴えろ」

「誰を訴えるんです？　ローリング・ストーンズをですか？」私はたずねた。

「そうだ」

「何ですって？」

「奴らを訴えろ」彼は言った。

「ドナルドさん、その話はひとまず置いて、話を戻しましょう……つまり……」

「くそったれどもを訴えるんだ、ジャック。あいつらを訴えてやる。うちが損したのはあいつらのせいだ」

「聞いてください、私はボーナスのことを話したいんです」

「そのこと？　ああ、今はそんなこと話してられん。今はそんな話し合いなどやってられんよ。私は出かけなきゃならん。来週あっちで会えるだろう」

ローリング・ストーンズに対して訴訟を起こせるような根拠など、我々には何もないのは明らかだったが、ともかく私はトランプ・プラザの法律顧問のロジャー・クローズに再検討するよう頼んだ。私が確信していたとおり、我々には何の理由も見出せなかった。ドナルドは翌週のある午後自家用機でやってきて、知らせもせずにトランプ・プラザに着陸した。ドナルドが入り口に立っているのを、私は自分のデスクから見上げた。彼は屋上で震えていなければならなかったことにあらゆる文句を言いながら、まっすぐ重役用トイレに向かった。彼は出てくると、つかつかと会議用テーブルに歩み寄って腰かけた。一月の寒さが、彼のいつも身につけている黒っぽいコートにへばりついていた。私は今すぐボーナスの交渉をすべきだと思った。

「私のボーナスのことでお考えをうかがいたいのですが」私は言った。

「それで思い出した」彼は言った。「ゆうべきみに連絡を取ろうとしてたんだ」

「何時にですか？」

「わからん。一〇時ごろだ」

「家の方にもかけてみましたか？　家にいましたよ」

「そいつはおかしいな」彼は言った。「キャッスルに電話したんだ。トレイシーは自分のビルにいたぞ。きみはなぜいなかったんだ？」

「彼はあそこに住んでるんですよ、ドナルドさん」

彼は続けた。「今月のキャッスルの数字を見たかい？　彼らはよくなってきてる。目を見張る数字を出してる」

「ええ、そうですね、彼らはまだ何も成し遂げてはいませんが、よくなってきてはいます」私は言った。

彼は私の皮肉に気がつかなかった。「スティーブは一月には、彼らがあそこで今あげているような実績を達成したことはなかったな」彼は続けた。「きみにはわかるか？　スティーブの何が問題だったかわかるか？　彼は部下に優しすぎたんだ。私はあいつが好きだったが、きみには言っとかなきゃならんな、彼の部下の何人かは気に入らなかった。知ってるだろうが、みんなトランプは今にあのカジノで失敗するだろうと言った。だが私ははじめから言い続けている、勝利者だとな。そして私はそれを証明してみせるさ」

これはすべて、私のボーナスに対して防御線を張るための戦術だった。私には挑戦を受ける気はなかった。私は話を元に戻して、言った。「私の昨年の記録が物語っていると思います」

トランプは椅子の一方に寄りかかって顔をしかめた。「ジャック、一二月はかつてないほどのクソ最悪な月だったぞ。数字を見た時は信じられなかった。私は自分に言ったもんだ、『いったいあそこはどうなってんだ？　ぶっ壊れでもしたのか』ってね」

「もう一度むし返さなきゃいけないんですか？」私は言った。

「ジャック、私にどうしろと言うんだ？　数字はうそをつかんぞ」

「そのことはもう以前にすんでます、ドナルドさん」

「それで思い出した」彼は言った。「誰がローリング・ストーンズの訴訟をやってるんだ？」

「誰もローリング・ストーンズの訴訟などやっていません。我々には訴える理由など何もないんです」

「そうかい？　誰が言ったんだ？」

私がロジャーの意見を伝えると、彼は答えた。「くそったれが。あいつは何を言ってるのかわかってないんだ。奴は大馬鹿者だ」トランプは彼の義理の弟で弁護士のジョン・バリーにこの件をまかせることにすると言った。あとでわかったのだが、彼はすでにバリーの事務所に連絡を取り、訴訟を起こすよう命じてあった。

私はボーナスの話をするのをまだ待っていたが、ドナルドは立ち上がってドアに向かった。

「ほら、ついてこいよ、階下の車まで一緒に来るんだ」彼は言った。一階のホテルのロビーでドアを開けて出ていく直前に、彼は私を振り返った。「それでボーナスはどのくらい欲しいんだ？」彼は言った。

「ドナルドさん、あなたがおっしゃるほうがいいと私は思ってます。あなたは結果をご存じです。私はすべてあなたに説明しましたし」

「いや」彼は言った。「私はきみがどのくらいもらうべきだと思っているのか、きみの口から聞きたいんだ」

「私は過去の財務記録はすべてよく知っています。過去四年間にトランプ・プラザの社長たちが得た額より、多くもらうべきでも少なくもらうべきでもないと思っています」

「それで、いくらだ？」彼はたずねた。

「一五万ドルです」

彼の顔は吐き気でも催したようにゆがんだ。「なんてこった！　うう、うーむ……問題外だ！絶対にだめだ。一二月は最低だったんだ」

「ドナルドさん、どうしてまたそこに戻るんですか？」

「その……、つまりだ。私は世界一甘い男に違いない。きみにやるのは……きみの部下にきみあてに七万五〇〇〇ドルの小切手を切るよう伝えてくれ」

彼はドアを押し開けて、外で彼を待っているリムジンに向かって歩いていった。

トランプ・プラザ経理部の上層部の連中は、我々のボーナスの予備がどのくらいあるかを知っていたから、それを聞いた時は一様に驚いた。皮肉なことに、それは私が一生のうちでもらった最高額のボーナスとなった。もしトランプが単に、「きみに七万五〇〇〇ドルのボーナスをやろう」とはじめに言っていたら、私は感謝をこめてそれを頂戴していたことだろう。しかし、私はトランプ自身が約束したボーナスのことで、彼と交渉しなければならなくなった。そうして彼は、自己満足と実益という甘い汁を搾り出したのだ。私は自分のオフィスに戻り、デスクの後ろに歩いていって、しばらくそこにたたずんでいた。ただただ、頭を振るばかりだった。

12 大物ギャンブラー、柏木昭男

落日を知らせる警鐘が

一九九〇年一月、キャッスルの二年続きの赤字の決算報告が発表されるに及んで、ウォール街屈指の大手証券ブローカー、ソロモン・ブラザーズはその顧客に、キャッスルの債券を売却するよう薦めた。額面一ドルにつき九二セントで売買されていたキャッスルの債券はたちまち一〇セントも値を下げた。投資家たちはこぞってアメリカ企業、とりわけギャンブル企業が抱える膨大な債務に厳しい目を向けはじめた。ドナルド・トランプの場合、その株を所有している会社の借入金だけでも三〇億ドルを超え、金融業界内でのトランプの神話は急速に薄れていった。

一方、タージ・マハールを完成させるためにトランプが発行した、年利一四パーセントの第一抵当付き債券は額面一ドルにつき七五セント以下で取引された。このカジノの将来性に対するウォール街の見方も楽観的とは言えなかった。タージ・マハールでは従業員の給与と借入金の利子がかさんで年に二億ドルを超えるのに加えて、ホテルの客室についての営業コストはおそらく世界のどのホテルよりも高いと思われた。ある証券アナリストはこの一月の『ニューヨーク・タイムズ』にこう語っている。「今後二か月間では、この種の債券は値上がりする可能性よりも値下がりする危険性の方が高い……。この先数か月間についてみても、これらの債券が値上がりする材料となるようなニュースは何も見当たらない」

最初の警鐘はすでにひと月ほど前から鳴っていた。『フォーチュン』誌は、ローリング・ストーンズの初のコンサートの翌日に当たる一二月一八日付けで「トランプ社の抱える問題点」と題して三頁にわたる特集記事を組んだ。取り上げたのは主としてタージの問題で、「ドナルド・トランプは結局自分に悪い手札を配ってしまったのだろうか？」という疑問が第一の論点とされている。カジノの債務問題に関しては、カジノ評論家のマービン・ロフマンが登場して次のように警告している。「タージは収支とんとんにもっていくだけでも、カジノで一日に一〇〇万ドルの収入を上げねばならず、黒字に転ずるには毎日一三〇万ドル必要だろう。この額はトランプ・プラザが一番高い業績を上げた一九八九年の一日平均の収入の五割増に匹敵する」

トランプの判断力は鈍る一方のようだった。トランプ・プラザに儲かりもしないオイスター・バー（バー形式のカキ料理店）を開こうと言い張ったのも、その一例だと言える。マーラはシーフードが好物で、ホテルに滞在している間、四六時中シーフードのルームサービスを頼んだ。遊歩道に面した出入り口の空いているスペースに、オイスター・バーを設置する案を検討するよう命じたのは、マーラを喜ばせようとしてのことに違いない。その場所にはかねてから高級婦人服の店を開く計画だった。マーケット調査によると、そこではその種の店が繁盛するという結果が出ていた。それでもトランプはオイスター・バーをゴリ押しした。

そこで損益見積書を作成したところ、オイスター・バーではせいぜい元を取るだけでも何年もかかるのに対して、婦人服の店ならうまくいけば年に一〇万ドルから二〇万ドルの収益が見込めることがはっきりした。言うまでもなくその場所はもともと料理店向きに設計されていないので、料理店に必要な冷蔵庫や調理場や貯蔵庫などの設備がない。私はトランプに見積書を見せて、レストランをあきらめるよう説得にこれ努めた。ついに彼は言った。「オーケー、よろしい。きみの意見ではオイスター・バーは金にならないって言うんだな？　計画通り進めて、きみのやりたい婦人服の店をやりたまえ」ところが一週間後には気が変わってしまった。「いや、あそこではオイスター・バーをやりたいんだ」

私は抗議した。「でもドナルドさん、あの数字をお忘れですか？　そんな店にしたら、損することになるんですよ。仮にうまくいったとしても、収支とんとんにするにはおそらく一〇年以上かかるでしょうからね」

「いや、言っておくがね、俺はオイスター・バーはいいアイデアだと思っている。あのビルにとって実際プラスになるだろうよ。そういう店をあそこでやりたいんだ」

レストランの建設は、予想した通り大仕事だった。冷蔵庫と食糧貯蔵室は地下の駐車場に設置する以外に方法がないので、一階の床に穴をあけて専用のエレベーターでレストランとつながなくてはならない。この改築作業にトランプ・プラザが費やしたコストは一〇〇万ドルを上回った。

プラザの宣伝部はレストランの名前として三つか四つの案を提案したが（誰かが冗談に「マーラの店」にしたらと言った）、その一つに「オイスターズ・トランプ」という名前があった。私は即座にその名前を選び、請負業者にそう命名するよう指示した。ドナルドにおうかがいを立てるまでもない、賛成するに決まっている。もちろん彼は賛成した。請負業者はその名前をもらってとても喜び、それを秘密にしておいて、あとで会議の席で突然公表してトランプをいい気分にさせようともくろんだ。このもくろみは成功した。「それはいいね。すばらしいじゃないか」その名前を聞くとトランプは案の定喜んだ。

一度に二〇万ドル賭ける男

二月にドナルドは、マイク・タイソンのジェイムス・「バスター（巨漢）」・ダグラスとのタイトル防衛戦を観戦するため東京へ飛んだ。今度の試合も間違いなくタイソンの一方的勝利に終わるはずだった。実はニューヨークの新しいトランプ・パルコにドナルドが所有している高級マンションを売るのが目的で、試合見物は来日の口実に使われたにすぎない。トランプ・オーガニゼーションでは多額の費用をかけて東洋での販売作戦を展開していたが、プラザの極東地域の代理店の一人が打ち明けてくれた話によると、高価なマンションはまったく売れなかったそうだ。ドナルドはぜがひでも必要な現金をかき集めるために、一番大切な「トロフィー」であるプラザ・ホテルを手放そうとして、日本の投資家たちと会合を重ねた。

彼が出発する前に、私はニューヨークで彼に念のため確認の電話を入れた。

「ドナルドさん、お願いしてあった件ですが、うちではこれまでずっとこの柏木という男に働きかけてきたんですよ。日本に滞在している間に、彼にあなたのホテルの部屋を訪ねさせたいのですが、一五分ほど時間を割いて下さいませんか？」彼は承知した。

トランプ・プラザでは一九八八年この方、日本の不動産王で億万長者の柏木昭男にきてもらおうとあの手この手を使っていた。彼は世界でも最大級のハイローラーだが、プラザにとって事が好都合に運び出したのは一九八九年の一二月になってからのことだった。スティーブ・ウインがカジノ・ミラージュを開業した時、柏木はラスベガスを訪れてバカラで一回二〇万ドルずつ賭け続け、六〇〇万ドルすっていた。

高額の賭けをする人の例にもれず、柏木も気まぐれで迷信深かった。彼はミラージュでの待遇に不満を抱いてネバダから帰った。まだ一度もアトランティック・シティを訪れたことはなかったが、トランプ・プラザの極東代表のアーニー・チュンの話によると、有名なドナルド・トランプを相手に賭けをしたいものだと語ったという。アーニーは興奮して私に電話をしてきた。「柏木はもうこっちのもんだ。すっかりうちで賭ける気になってるぜ」

私はドナルドが東京に出かけるのを知って、アーニー・チュンを東京に待機させ、二人の不動産王が会えるよう手はずを整えさせた。ドナルドが東京についた直後に、ホテルに電話を入れた。その時も彼は柏木に会うことを承知した。「ジャック、東京にいる間はきみの望み通りなんでもやってやるよ」

「助かりますよ。アーニーにそちらに電話して手はずを決めるように私から言っておきますので、よろしくお願いします。この男にはどうしても会って頂かないと。ちょっと時間を割いて会ってやって下されば、こっちになびくと思うんですよ」

アーニーの話では、二人の会談は大成功だったという。トランプが帰国した翌日に当たる次の月曜日にはアーニーからまた電話が入り、柏木がその週のうちにこっちにくることになったと言ってきた。

「オーケー、で、うちでは何をしておけばいいかな？」

「現金で六〇〇万ドル、うちのケージ（金庫室）に預けておきたいそうだ。クレジット（信用貸しの手元金）としてそれとは別に六〇〇万ドル用意してもらいたいと言っている」

私はためらわらず即座に「そうしておこう」と答えた。

柏木の申し出に応じるべきかどうか、ドナルドの意向を確かめる気は毛頭なかった。彼がいらいらしたり反対しやしないかと思って、柏木がやってくるのが絶対確実になるまで彼には何も知らせなかった。その後話のついでに何げなく切り出した。「それはそうとドナルドさん、うちがこれまで東洋のマーケットに長いこと働きかけてきた努力がようやく実を結びましてね。トランプ・プラザではまだ一度も迎えたことがないような大物の客をやっとつかまえましたよ。その男は東京からやってきて、一度に二〇万ドル賭けるって話です」

「ふーむ！　一度に二〇万ドルか！」

「ちゃんと用意はできてます。彼がゲームをやめるまでには、勝ったり負けたりものすごい大金が動くでしょうが、そのつど逐一お知らせするようにしますから」

「よろしい。で、奴はどんな男かね？」

「それが、ドナルドさん、現金で六〇〇〇万ドルもってきてケージに預けるような男ですからねえ。その六〇〇〇万ドルはなんとかこっちに頂きたいもんですよね」

「ああ、そうとも……その通りだ」と頷いたが、すぐにつけ加えた。「こっちのものになると思うかい？」

「ドナルドさん、あの男はこれまでにそのくらいの金額をすった経験があるのは確かです。でも何回かは大きく勝ち越したこともありますからねえ。まあ、どうなるか見るとしましょう。この人物については、どうもこっちがついているような気がしてるんですよ」

ドナルドの念頭には、一二〇〇万ドルの資金を手にしたギャンブラーがプラザのカジノで賭けをするからには、プラザは一二〇〇万ドル得をする立場にいる、ということしかなかった。それにしても法外な金額であるのは確かだ。電話口のトランプの声はいささか興奮気味で不安そうに聞こえたが、彼はなんとかそれを抑えようとしているらしかった。「そうさ、何を言っても、それはみんなきみの予想に過ぎないわけだからな、ジャック」

聞くところによると、エド・トレイシーはこのゲームはリスクが大きくて健全なプレーとは言えないから手を引くよう、ドナルドを説得しようと盛んに裏から働きかけたという。彼がそんなことをしようとは腑に落ちない話だ。これまで柏木をものにするためにニ人はいたるところで互いにしのぎを削ってきたのだから。以前ドナルドが引き抜くのに失敗したシーザーズの副社長、ジョン・グルームはわざわざ電話をかけてきて忠告してくれた。彼もリスクが高いことは認めたものの、カジノが勝つ公算の方が大きいことに同意した。

バカラは非常にきわどいゲームである。胴元のアドバンテージは実のところ、他のどのゲームよりも低い。

バカラはジェームズ・ボンドやモンテ・カルロで有名なヨーロッパの「シュメン・ドゥ・フェール」と称するカード遊びが元になっている。バカラは勝つも負けるもまったく五分五分なので、賭け手の神経の太さが試され、芝居もどきの心理的緊張を強いられる。一回の勝負ごとに「バンカー（胴元）」と「プレーヤー」とが競い合う。双方が二枚ずつカードを引き、「九」に一番ちかいカードを引いた方が勝ちとなる。テーブルについている賭け手は「バンカー」と「プレーヤー」のどちらに賭けてもよい。第三の賭けとして同点の「タイ」に賭けることもできるが、この可能性は最も低いので、一回勝つと八倍の勝利金が支払われる。

バカラでは八組のカードを使うが、ブラック・ジャックのように、カードはよく切ってから、「シュー」と称する透明なプラスティックのカード入れに積んでおく。テーブルについている賭け手の間に時計とは反対回りの順番でシューを廻し、シューを受け取った賭け手は「バンカー」が負けるまで「バンカー」と「プレーヤー」に札を配る役になる。「バンカー」が負けた時には、「プレーヤー」の側に一番高く張った賭け手にシューを回さなくてはならない。「プレーヤー」に誰も賭けなかった場合には次の順番の賭け手に回す。シューを渡された賭け手は「バンカー」の手札を見てから、裏を向けてクルピエ（札を集めたり支払いをする賭博台の助手）に渡す。クルピエはそのカードの数字の合計を読み上げる。「プレーヤー」の方の手札は一番高額の賭け手が、同じように処理する。

カジノの立場から見ると、バカラでは勝った賭け金はすべて一括して「胴元」が支払うことになるが、その額が一対一でやるゲームで負けた場合にくらべると、はるかに高額になりうるので、リスクの大きいゲームだった。そのうえ指摘したように、他のゲームに比べるとカジノ側のアドバンテージは比較的低く抑えられている。「プレーヤー」になった場合にはカジノのアドバンテージは一・三六パーセントで――この割合は賭け金の総額のうち理論上の胴元の取り分に相当する（これにくらべて、ブラック・ジャックでは二パーセントから五パーセント、ルーレットでは五・六パーセント、スロットマシンでは五パーセントから一七パーセント、またクラップスでは二〇パーセントもの高いアドバンテージが胴元に与えられる）。「バンカー」の場合はさらに低く、一・一七パーセントである。その代わりカジノは勝った方の賭け金から五パーセントのコミッションを受け取る。

柏木は「バンカー」に賭けたり「プレーヤー」に賭けたりで別にこれといったパターンはないようだが、賭け金の額はいつもぴったり二〇万ドルと決めていた。本来五分五分の勝ち目の賭けで、これだけの賭け金に対して同額の金を賭けるのは胴元としては大胆なやり口だが、統計的には正しいと言える。決定的要因は時間である。ゲームが長引くほど、胴元のわずかなアドバンテージが大きく物を言うことになる。

トランプは意外に小心者だった

アトランティック・シティではまだ柏木ほどの大物ギャンブラーを迎えたことはなかった。彼がトランプ・プラザを選んだことは我々にとっては快挙だった。国際マーケットへ進出しようとしてきた長年の努力の結晶であり、これによってプラザが売り込んできた国際的イメージは完璧なものになり、優雅でしかも刺激的なトランプのイメージがいっそう高まるというものだ。順調に行けば、柏木のプレーはトランプ・プラザをまったく新しい賭博王国へと駆り立てるだろう。年に二回、柏木級の客が四、五人きてくれれば、トランプ・プラザの収益はぐんと上がるはずだ。ミラージュは開業一か月で四〇〇〇万ドル稼いだ。トランプ・プラザの最高の稼ぎは、一九八九年八月の三一〇〇万ドルである。柏木ほどの国際的顧客を数人確保できれば、月に四〇〇〇万ドルの売り上げも夢ではない。

柏木は一二月にラスベガスのミラージュで六〇〇万ドルすったが、トランプ・プラザに現れるほんの数日前には、オーストラリアのダーウィンにある小さなカジノ、ダイヤモンド・ビーチで情け容赦もなく一九〇〇万ドル勝っている。この額はそのカジノの年間平均収益に匹敵した。不思議な話だが、一時はカジノの側が一〇〇〇万ドル勝っていたのだ。ところが柏木が最後の賭け金の二〇万ドルを張ったその瞬間につきが変わって盛り返し、そのまま四時間というもの勝ち続けた。「つき」というものを信じるなら、柏木はまさにつきまくっていたと言える。それでも私はぜひとも彼にきてほしかった。我々のふところは賭けの元金を充分まかなえるほど深かったし、彼がしばらくの間賭け続けてくれさえすれば、きっと勝てると確信していた。一応四日間はいるという約束だった。

プラザでは彼を迎える準備をした。二月の第二週のある朝早く、柏木昭男がダリルと呼ばれる男と連れだってリムジンから降り立った。最上階にある特等室、「会長スイート」に案内する。二段式になっているこのスイートは、二つの寝室、温水浴槽、グランドピアノを備え、執事がサービスに当たるうえ、すばらしい海の展望を楽しめた。通訳も待機させ、臨時に日本人のコックも雇った。二四時間の警備態勢を組んで彼の身の安全を図った。階上のスイートとカジノとを往復するのに使うため彼専用のエレベーターまで用意した。バカラの賭場にいる柏木には、特別にカクテルのサービスに応じた。

柏木の要求に応じるのは楽だった。昼食にはツナサンドとお茶、賭けの合間には顔と手を拭く熱いおしぼりとレモンを求めたくらいだ。

彼が一番気にしていたのはプライバシーで、プラザにきていることをマスコミに報道されるのを極端に恐れていた。彼の到着に備えて開いた作戦会議で、私はバカラの賭場では普段通りに行動するようはっきり指示した。そのフロアをぶらつくのも駄目、見物人も締め出す、いわんや新聞記者は禁物である。

彼はいつもの習慣通り、夕方になるまでスイートから降りてこなかった。柏木は背広のズボンにスポーツシャツという軽装で現れた。バカラの賭場に案内され、テーブルに座るや、五〇〇〇ドル・チップを積み上げたトレーが彼の前に運ばれる。賭けがはじまった。最初のラウンドの合間に私は挨拶に出向いた。彼は笑顔で頷き、日本語で挨拶を返した。いつか夕食をご一緒したいと言うと、「それはいいですね」と答えた。そのあと私は一人で階上に上がり、ロベルトで夕食をとった。コーヒーを飲んで階下に電話すると、柏木は二〇〇万ドル勝っているということだった。ロベルトを出て、オフィスに寄ってからカジノに降りていくと、我々の方が二〇〇万ドル勝っていた。その間三〇分ほど経っていただろうか——たったそれだけの時間に四〇〇万ドルという大金が動いたわけだ。

その後も毎回二〇万ドルずつの賭けが何時間も続き、シーソーゲームで勝敗は大きく揺れた。夜遅く私はトランプに電話し、カジノ側が二五〇万ドル勝っていると報告した。

「そりゃあいい、ジャック、すごいじゃないか」

「ええ、いい調子ですね。長引けば長引くほど、こっちに運が向いて大金が転がり込むでしょう……ドナルドさん、六〇〇万ドルから一〇〇〇万ドルは落としていってくれるんじゃないですか」私はつきがこっちにあると思えて仕方がなかった。ディーラーも同じようなことを言っていた。

「じゃあ、いいな、ジャック、これからも勝敗の経過を報告するんだ。電話を入れてくれ。逐一知らせるんだぞ」

「ドナルドさん、勝敗の揺れは途方もなく大きくなるでしょうから、実際のところどういうことになるやら見当がつきかねますよ。必ずお知らせしますが」

「ああ、そうしてくれ、ジャック。どんな状況か知らせてくれたまえ」

午前二時、カジノが閉まる二時間前には我々はまだ二〇〇万ドルほど勝っていた。以前から聞かされていた話にたがわず、柏木はぶっ続けに八時間ちかくプレーしていた。しかし三時になるとカジノの勝ちは六〇万ドルに減り、その後柏木が二三回も立て続けに連勝して、カジノが閉まる四時には我々は四〇〇万ドル負けていた。

翌朝トランプが電話をしてきたので、状況を説明した。私は気にならないわけではなかったが、それほど心配はしていなかった。柏木が長く賭け続ければ、挽回できると確信していたのだ。だがトランプの声は明らかに不安そうだった。「どうしてこういうことになっちまったんだ？」

「どうしてって言われても、ドナルドさん。ゲームだから、仕方がないですよ」

「まだ奴と勝負を続ける気か？　追い返した方がいいんじゃないか？」

「とんでもない、そんな馬鹿な」

「じゃあ、いつになったらやめさせるんだね？」

「まだ、考えていません」

「このうえまた四〇〇万ドルも勝たれたら、いったいどうするつもりなんだ？」

「そうなったらなったで仕方ありませんよ、ドナルドさん、肝心なのは彼がまだここにいてプレーを続ける気だということです。そんなに心配したものでもないと思いますがね。大丈夫ですよ」

トランプVS柏木の対決その後

しかし事はそううまくは運ばなかった。世界最大のギャンブラーがきているという噂が地元の新聞『アトランティック・シティ・プレス』に伝わり、まもなく記者がやってきた。柏木はこれを耳にして気をもんでいたが、その晩は再びカジノに姿を現した。彼のつきは続き、さらに二〇〇万ドル勝った。

我々はマスコミにもれることを一番警戒していた。ことに柏木のようなタイプのギャンブラーはマスコミに騒がれると逃げ出してしまうことが多いので、ラスベガスではこうした問題の扱いには慣れている。だがアトランティック・シティでは経験不足のせいもあって、記者たちが騒ぎだしインタビューを求めてきた。プラザとしては客のプライバシーを守らねばならない微妙な立場にあることを説明したが、わかってはもらえなかった。

悪いことは重なるもので、賭けのテーブルで柏木とダリルの間で気まずいことが起きた。ずっと柏木と一緒にプレーを続けていたダリルがふと何げなく、柏木はこれまで通算六〇〇万ドル勝っていて絶好調だともらしたのが、私の耳に聞こえた。柏木はむっとして日本語で仲間を怒鳴りつけた。「なんだって？　俺の金をいちいち勘定してるのか？　一回ごとに金勘定をしてるのはどいつなんだ？　このカジノじゃ一回賭けるたびに計算するのかね？」

勝敗を計算したらつきが落ちると柏木は信じていたので、その点には我々も気を遣い、そんなそぶりは見せないよう極力気をつけていた。

ダリルも急に自分がとちったのに気づいて言った。「いや、そうじゃない、ぼくだよ。ぼくが勘定してたのさ。きみが知りたがるかと思ってね」

だが柏木はすっかり腹を立ててしまった。「なんだって誰も彼もそんなに俺の勝敗にこだわるのかね？　いったいどうなってんだ？」と言い捨てると、席を立って部屋に帰ってしまった。

エド・トレイシーは時間を決めてカジノに電話を入れ、アーニー・チュンから最新の情報を得ていたので、こうした成り行きも当然聞いていた。私も知っていたのは言うまでもない。だが私が伝える前に、ドナルドはエド・トレイシーからその情報を聞かされていた。

「どうなってんだ、ジャック？　だから俺はこのプレーはやばいぞって言ったんだ。ほらみろ、あいつはやめちまったそうじゃないか。もうこれ以上ゲームをする気なんぞないんだ」

「ドナルドさん、彼がこれでやめにするとは限りませんよ。席を立って部屋に帰ったのは事実ですけど。でもまだ戻ってくる可能性がないわけじゃありません」

実際、その晩一一時に柏木はカジノに現れた。これから賭けようという矢先に、東京から電話が入った。柏木がオーストラリアで大勝したという記事が日本の新聞に載ったという友人からの電話だった。そのあと同じような記事が出ている『アトランティック・シティ・プレス』が彼のもとに届けられた。それで柏木の心は決まった。これ以上ここにはいられないと言い出し、部屋に戻ると飛行機の予約を頼んだ。立ち去る気だ。

私が帰宅し遅い夕食をとろうとしていた時、ドナルドから電話があった。「奴め、賭けをやめたそうだ。くそっ、どういうことだ。ほらみろ、奴はやばいって俺があれほど言ったじゃないか」

「やめたって？　それは初耳ですね。そんな話は聞いてませんよ。ちょっと夕食をしに家に帰ったところで、今夜また行ってみるつもりです。心配ありませんよ。あと二日はいるはずだから」

「やめたったらやめたんだよ、奴は。六〇〇万ドル勝ったまま逃げる気だ」トランプはぴしゃりときめつけた。

アーニーに電話して事情を聞いた。折り返しトランプに電話すると、怒っているというよりうんざりした口調だった。「なんと六〇〇万ドルだぜ、四日間はいるってお前が言うから信じたんじゃないか。いったいどうなってんだ」

もちろん私もドナルドに劣らずがっかりした。

翌朝五時に、柏木はホテルを去った。でもまた近いうちにくると確約して、手みじかにその折の打ち合わせをした。柏木はホテルのスタッフに彼を丁重に見送らせ、ささやかだが土産をもたせた。空港へのリムジンもホテルで用意した。彼がホテルを離れるとすぐ、私はアーニーに指示した。「なるべく早くまたきてもらうように手を打ってくれ。うちとしては早いほど助かるんだから」

アーニーは楽観的だった。「大丈夫だ、ジャック、必ずまたこさせるから。時間の問題にすぎないと思うよ」

柏木の勝ちっぷりはアトランティック・シティでは前代未聞で、トランプ・プラザにとっては、新年早々手痛い一撃だった。この打撃で、第一・四半期は三〇〇万ドルの減益となった。テーブルで張られた現金とマーカーの総額を示す「ドロップ」は、二月は八四〇〇万ドルにのぼり市内最高だったが、同じ月の儲けは一九〇〇万ドルに落ち込んだ。当然ながら柏木に負けたために手持ち資金は底をつき、その割合は七・六パーセントまで急落した。これは市内でも飛び抜けて低く、次に悪かったカジノの半分にも及ばなかった。そこで今度はまた別の山師、新聞記者が登場する番となり、ドナルドはその矢面に立たされた。記者たちの前では彼は慇懃《いんぎん》な態度をよそおい、「柏木氏は賭けをして勝ちを占めました」と淡々と語った。

だが私に向かっては、「いったいお前はなんてことをやらかしてるんだ。トレイシーは最初からあいつはやばいって言ってたじゃないか。彼はシーザーズで何人かに話を聞いたそうだ。なんて言われたと思う？　シーザーズじゃ、あの男とは絶対にかかわりはもたないって言ってたそうだぜ。実のところ、あいつとの取引は断ったんだと。なんでうちではこんなことに手を出したのか理解に苦しむね」

私はチャンスが与えられれば、もう一度柏木を迎えたいと思っていることを、ドナルドにきっぱりと断言した。一九九〇年には非現実的な目標額を無理強いされていただけに、プラザにとってこの損失を埋めるのがどんなにむずかしいか、私は正直なところ頭が痛かった。私はこの悩みをスタッフにはもらさなかったが、柏木が立ち去ってからというもの、よく眠れない日が続いた。柏木がプラザから奪った六〇〇万ドルをもってトランプ・プラザに舞い戻ってくれるのをひたすら願うばかりだった。

13 神から人間への転落

離婚騒ぎは「宣伝になる」

一九九〇年二月、ドナルドとイバーナが離婚した時のマスコミの騒ぎは想像を絶していた。最初のうちトランプは、『ニューヨーク・タイムズ』が「離婚がこれほど話題を呼びマスコミで取り沙汰されたことはこの数年来なかった」と評したほどの騒ぎに戸惑っていた。だがそのうち、彼は明らかにこの騒ぎを楽しむようになり、「今やトランプはショーの主人公ってわけさ。このショーは大当たりだ」とうそぶいた。

タブロイド新聞はこのショーの最前列に陣取り――「二人は教会で会う」「ドン・ファン」「寝室を別に」「こんなにいかすセックスははじめて」「おお、ベイビー！　マーラおかあちゃん？」など、次々に派手な見出しをかかげた。どの新聞もこぞって艶めいた扇情的な取り上げ方で、愛のない結婚、魅惑的な妻、笑い者にされ破滅した結婚生活、女優を夢見る二六歳のモデルとの秘められた愛の巣等々、この派手な話題を振りまく、策略に長けた億万長者をあざ笑った。新聞の大見出しは五日間ぶっ続けでしつこくドナルドを追い回した。彼は驚きながらも悪い気はしなかったらしい。「うへえ、こいつは驚きだ。ジャック、今日の新聞を見たかい？　まったくひどいもんだ。新聞なんて何を書くやらわかったもんじゃないな」

「なんとか騒ぎを鎮める手を打った方がいいと思いますよ」

そんな忠告をしたところで、ぜんぜん取り合ってもらえないのはわかっていた。もともと彼は騒がれるのが好きなのだ。ただ私が気になったのは、ドナルドがマスコミに騒がれるのはビジネスには有利だと頭から信じ込んでいることだった。これもまた彼の判断力が危険な方向にゆがんできた一つの証拠だと言えた。

「何を言ってるんだ、ジャック。ビジネスにはためになるんだぞ。騒がれればそれだけ宣伝になるからな。そうだろ？　きみだって宣伝になるって思うよな？」

「ドナルドさん、はっきり言わせてもらえば、これでうちの評判はがた落ちになると思いますよ」

「そんな馬鹿な、ジャック。こんなにうまい話ははじめてだよ」

「それはちょっと違うんじゃないですか？」

「いいや、そうは思わないね」

「ドナルドさん、私が言いたいのは、うちのお客にも結婚している人が大勢いるってことなんです」

「こうした記事が役に立つのは、世間のあらゆる人間を取り込むっていう点だ。誰もがトランプとかかわりをもちたがるだろう。ジャック、だからビジネスには有利なんだよ。まあ、任せておきたまえ。大丈夫だから」

はなからわかってはいたものの、これを聞いて私はドナルドがビジネスを何よりも優先させるほど利己的で冷酷なことを改めて思い知らされた。ドナルドの子供たちの中でもとりわけ長男のドニー・ジュニアは、両親の離婚でうちひしがれた。それでもドナルドはビジネスのためにさえなるならと、自ら進んで情事を世間に公表するのをやめなかった。家族でさえ消耗品並みに使い捨ててはばからないようだ。相変わらずマーラのことを「そんじょそこらにはない逸品だ」とおおっぴらに言い触らしていた。バレンタインデーにニューヨークの「ラ・グラヌーユ」で開かれた誕生パーティは一向に盛り上がらず、義姉をはじめ、彼の母親や姉たちまでがイバーナを慰めに集まったというのに、彼は妻のことを「まるでレオーナ・ヘルムスリー（ホテル業界の女王で、以前彼は『おっそろしく意地が悪い女』で『人間性にもとる』と評していた）みたいに威張りくさって」とこき下ろした。

この離婚騒ぎは新聞種になって泥まみれにされるうちに、ドナルドのイメージをひどく傷つけた。世間の見方はがらりと一変して人食い鬼のように取り沙汰された。何かというと口汚く人を罵る上に利己的で、何億ドルもの資産があるくせに、その一、二パーセントにしか当たらないたった二五〇〇万ドルで妻を離別しようとする守銭奴だという評判が立ったからだ。

心配なのは商売への影響だった。さまざまな催し物や社会的イベントを通じて、ハイローラーたちと夫婦単位での親しい関係を育てることは、プラザのマーケティング戦略に欠かせない重要目標となっている。この戦略の意図は、葉巻をくゆらせながら賭博にうつつを抜かしているような、社会の暗黒面を思わせるイメージや、古くからの賭博場と売春とのつながりを一掃することにあった。その努力をドナルドはたった一週間でぶち壊し、アトランティック・シティのトランプのカジノは、億万長者が妻に隠れてずっと年下のモデルと浮気をしていた場所だという印象を世間に与えてしまった。プラザでも大物の得意客のご夫人連中からは、こうした情事はまったく汚らしいと文句を言われた。男の客の多くもやはり苦い顔をしていた。トランプ・プラザの役員の一人は、ドナルドのもとでうまくやっていく鍵はどうにかして彼のいいところを見つけることだ、といつも言っていた。だが最近のドナルドを見ていると、それは今まで以上にむずかしいようだった。

日本でマイナス・イメージに

タブロイド新聞の狂乱ぶりも鎮まりかけていた三月はじめのある晩のこと、七時頃ドナルドから電話があった。私はまだオフィスに居残っていた。彼は車でニューヨークのクィーンズ地区にあるジャマイカ・エステイトの両親の家に向かっているところだという。

「客の入りはどうかね？」漠然と聞いてきた。

「まあまあですね、ドナルドさん。どうしたんです？　何をされてるんですか？」

「子供たちと一緒なんだ。これから夕飯を食いに行くところさ」

電話口の向こうで子供たちが飛んだり跳ねたりして楽しく騒いでいる声が聞こえる。乗っている車がリムジンであっても、車の後ろのシートに乗せられた子供が騒ぐのは同じだ。「それはそれは、いいですねえ」

「ああ」彼はくすくす笑いながら答えた。そのあと電話口から離れたらしく、彼が大声で叱るのが聞こえた。「イバンカ！　やめなさい！」何をしているのかはわからなかったが、相変わらず楽しそうに笑いながらはしゃいでいる女の子の声が聞こえる。

彼は高速道路で通り過ぎてきた看板のことを言い出した。トランプ・キャッスルの看板だ。書いてある掲示の内容も色も気に入らないという。「きみならどんな看板にすべきかわかってるよな？」

「はい」

「それじゃちゃんと書き直させてくれ」

「承知しました、ドナルドさん」

彼のやり口はいつもこうだった。キャッスルに対して何か注文があると、決まってプラザの誰かに電話をしてくる。プラザのスタッフなら彼の意向をきちんと汲んでもらえることを知っているのだ。

「ジャック、それじゃ頼んだぞ。キャッスルの担当者に電話して、あのしょうもない看板をうまいこと書き直すように言ってやれ……ドニー！　座りなさい！　そんなことしちゃいけないよ……俺があの看板をどんなふうにしたがってるか説明してやってくれ。きみたちにはあの看板をどうすべきかわかってるんだから」

「きちんと書き直させます」と答える。

「イバンカ……今すぐ座りなさいって言ってるんだ。そこから離れなさい……ドニー！　窓を閉めて！」

聞いていて私は一人で笑ってしまった。彼がそんなふうにしているのがうれしかったのだ。

「やあ、ドナルドさん、ちょっとでも子供さんたちと過ごせてよかったですね」

「ああ、子供たちも喜んでるよ……ドニー、そうしちゃいけないって言ってるだろ！……それに俺の方でも結構楽しんでるんだ。子供と一緒ってのはいいもんだな」

私は受話器をおくと、一人頷いた。こいつは驚きだ、彼にもやっぱり人間らしいところがあったのだ。

ドナルドは認めようとしなかったが、彼の私生活に対する批判はビジネスにもはね返ってきた。日本では、ドナルドは富と権力を具現する神にちかいイメージをもたれていた。それが突然ただの人間に転落してしまった。彼がプラザ・ホテルの売却を打診していた投資家たちは、離婚のニュースを耳にすると、スキャンダルを恐れて急に尻込みしてしまった。

タージ・マハールは彼そのものだった

三月二九日、カジノ管理委員会は試験営業を無事終えることを条件にタージ・マハールのライセンスを認め、カジノの営業を正式に認可した。それから何時間も経たないうちにドナルドはアトランティック・シティに姿を現し、新たに雇った六〇〇〇人にのぼるタージの従業員の士気を鼓舞するための集会を主催した。集会はレーザー光線のショーで締めくくられた。スピーカーからは強烈なロックが鳴り響き、巨大なスクリーンにカジノのマスコットが映し出された。ドナルドが手を振りながら中央の通路をゆったりした歩調で進み、ロバートとブレイン夫妻、ハーベイ・フリーマン、タージ・マハールの社長ウォルト・ヘイバート、キャッスルの営業担当重役バッキー・ハワードらの面々と並んで壇上に座を占めると、ボールルームは「ドナルド！　ドナルド！　ドナルド！」という歓声にどよめいた。世間ではトランプ神話はいまだにくずれてはいないようだ。明るいスポットライトの下で、ドナルドは顔色も青白く疲れているのがありありと見てとれた。彼は誰やら隣の人に向かって、驚いたように大声で言った。「俺はこんなに大勢の連中に今からもう給料を払ってるのか？」

ずっと以前からの取り決め通り、「トランプ・タージ・マハール・カジノ・リゾート」は次の日曜日の四月一日にオープンするばかりとなった。ところが土壇場になってドナルドは、エイプリル・フールの日だから駄目だと言い出した。やむなく、州が「賭け事の日」に指定している、四月二日の月曜日午前一〇時に、カジノは最初の試験営業を開始した。一六七台のブラック・ジャックやクラップスやバカラのテーブルでは、勝った分はチャリティに寄付するという条件で、プレーヤーたちは一人一回限り一〇ドルの現金で一〇〇ドル分のギャンブル券と交換することができた。ただし三〇〇〇台のスロットマシンだけは例外で、ここでは現金しか使えない。なだれこんできた何千人もの客が一斉にハンドルを引いて運試しをするとなると、じきに困った問題がもちあがった。

何万ドルもの紙幣が一度にコインやチップに両替えされたのだ。ドナルドがこれなら大丈夫と太鼓判を押してスロットマシンに付設した自動両替機はたった数分で空になり、たちまち一〇〇台以上のマシンが使用不能に陥った。その結果、無数の「故障」を示すランプがスロットマシンのてっぺんで点滅し、ロバートに「キャンドルの森」みたいだと言われるありさまとなった。スロットマシンの係員は殺到する両替えの請求におたおたするばかりでさっさと客をさばけないものだから、プレーヤーたちは仕方なくスロットマシンを離れて、同じフロアにあるたった二か所の両替所の窓口に長蛇の列をつくった。だが午後六時にカジノが閉店した時点で、タージの広報担当者は試験営業は滞りなく終了したと宣言し、予定より早く営業認可が下りるだろうと自信たっぷりに言い切った。

その日の午後、ドナルドは新聞やテレビのレポーターを大勢案内して、広大な施設の内部を一巡した。彼はくつろいだ表情で、自分がやり遂げた事業にすっかりご満悦の様子だった。新聞記者に対してもいつもの饒舌《じょうぜつ》ぶりを発揮して周囲にあるものを片端から指し示し、この大理石はイタリアのカラーラ産だとか、イギリスから輸入したこのカーペットは四〇万ドルもしたとか、頭上にぶら下がっているカットグラスの豪華なシャンデリアは、オーストリアから一四〇〇万ドルで取り寄せた、などと盛んに吹聴した。

巡回は遊歩道に面した建物の正面で終わった。明るい色に塗ってある正面の高い壁の頂上には尖塔がそびえている。その日はどんよりと曇っていた。ドナルドは建物の外に出て、海からの冷たい風に黒っぽいスプリングコートの裾をはためかせながらカメラのフラッシュの中へと歩みを進めた。シャッターの音がパチパチと続いた。彼はいつもの苦虫をかみつぶしたような、鰐《わに》がにやりとしたような、こわばった微笑を浮かべていた。ドナルドは何億ドルもの投資が心配だったら、とうていそんな笑顔は見せられなかったはずだ。だが、もちろんドナルドはぜんぜん心配などしていなかっただろう。それとも彼の耳には、数知れぬ五セント銅貨や二五セント硬貨や一ドル銀貨が貪欲なスロットマシンの腹の中にジャラジャラと落ちていく音がまだ響いていたのだろうか?

タージ・マハールが建築史に残るほどあんなに建物に凝らなかったら、大規模な施設としてはまさに奇跡だと言える生き残りを果たしたかもしれない。世間の人たちは自分が成し遂げた偉業を目の前にして息を飲むに決まってる、ドナルドはそう信じて疑わなかった。この日のタージが何万人ものギャンブラーや観光客や報道関係者を惹きつけて、その誕生の瞬間に立ち会わせたのと同じく、ドナルドをも虜《とりこ》にしたのは不思議ではない。これが単なる投資だったとしたら、タージの建物もガラスとスティールでできたドナルドの他のビルと見分けのつかない、平凡なビルになっていただろう。

だが、タージ・マハールはそれ以上の意味をもっていた。タージは彼の人格の延長線上にあった。タージがこの世に存在するにはどうしても彼の富を最後の一滴まで絞り上げねばならなかったのと同様に、クィーンズ地区から息もつかずに必死で成り上がったドナルドにはどうしてもタージが必要だったと言えよう。あたかも、今現在もこれから先もずっと自分が裕福な人間であることを、自分自身にもまた世間に対しても証明して見せようとしたかのようだ。タージは抑えのきかない彼の奔放な野心の現れであり、まさに彼の人格そのものを具現していた。タージに対して不信を抱いている友人に、ドナルドはこんなふうに打ち明けている。「どうしてもタージを手に入れなくちゃならなかったんだよ。なにしろアトランティック・シティで一番大きいホテルだからな。俺以外の人間の手に渡すわけにはいかないね」

14 トランプ最後の大ばくち

トランプからの緊急電話

翌朝、四月三日火曜日の午前一〇時に、タージは二回目の試験営業を再開する予定だった。前日の「賭け事の日」にテーブルの賭場では支障なく営業を終えたので、この日はゲームに現金とチップを賭けることを許可された。

その日の午後三時頃だったろうか、私はトランプ・プラザで重役会議の最中だったのだが、秘書のジョーレン・セビルが会議室をのぞき込み私の方を見て、「ドナルドさんからお電話で、今すぐお話しなさりたいそうです」と言った。

私は足早に自分のオフィスへ向かいながら、これは変だと思った。何か重大な事件が起きたに違いない。いつもなら会議中だと聞くと、折り返しこちらから電話をするまで待つのが普通だった。

「ジャック、今タージにいる……こっちは、くそっ、大変なことになってんだ」彼は早口で乱暴に言った。その口調は私には耳慣れたものだった。彼が怒っている時の口調だ。「午前中ずっと役所の連中と話し合ったんだが、奴らはカジノをオープンさせない気だ。ここはまったくどうしようもないことばかりときてやがる」

「わかりました……ドナルドさん。ちょっと待って……」

「きみにこっちにきて、きちんと片をつけてもらわないことにはどうしようもないんだ。きみの名前をもち出したんだから。きみにきてもらってちゃんと整理させるからって、みんなにそう言ってあるんだ。ジャック、きみはピンチに陥った時の切札だ。なにしろ大勢の客がカジノの外で待ってるんだよ。困っちまってね」

「ドナルドさん、いったい何が問題なんです？」

「誰も彼もどうしていいかわからないんだ……あんなどあほうどもはみんな首にしてやる」

「どうしたって言うんです？　問題は経理ですか？」

「わからん。ケージの方に何か問題があるらしい」彼はコイン・バンクがどうとか言っていた。

「ドナルドさん、ちょっと聞いて下さい……」

「駄目だ、ジャック、今すぐこっちにきてくれ」電話が切れた。

私は受話器をおきながら、どうしたものかと思案した。だが金庫室に問題があるなら、プラザの会計責任者のトニー・ロデオが役に立つはずだ。彼はカジノの会計に関してはベテランである。

彼が昼食に行こうとしているところを、ジョーレンがつかまえた。私はドナルドからの電話のことを話した。彼は渋った。「長くかかるんでしょうか？　四時に会議があるんですが」

「いや、そんなに大して手間はとらないさ。ちょっと手を貸してやりさえすれば、一時間足らずで帰ってこられるはずだ」

ずさんだったタージの会計処理

タージ・マハールに着いた私は、背広姿の一群の男女に囲まれてドナルドが立っているのを見た。その大半はタージのスタッフで、暗い表情で互いにひそひそ話を交わしている。ドナルドは、管理委員のパット・ドッドとケネス・バージ、市の賭博局の局長のトニー・パリーヨや同じ局の営業主任、ディノ・マリノらと話をしていた。遠目には結構なごやかに話しているように見える。少し離れてロバートがハーベイ・フリーマンと並んで立っていた。バッキー・ハワードもいるし、アトランティック・シティでのドナルドの主席弁護士、ニック・リビスもいる。妙なことに、タージの社長であるウォルト・ヘイバートの姿が見えない。

もっと奇妙だったのは、みんなが振り向いてこっちを見た時の様子だ。よかったという表情もあれば、迷惑だという顔もある。

トニーも私もタージではなんの役職にもついていなかったので、警備員の詰所で免許証を呈示して、このカジノの職員用の臨時の通行証となるバッジを受け取らなくてはならなかった。

それを待っている間に、ニックが私に気づいて近寄ってきた。「ジャック、きみがきてくれて助かったよ。ドナルドは頭にきちまってるんだ。ここがあんまり目茶苦茶なもんでね。きみにきちんとしてもらわないことには」

ニックがドナルドの悪名高い癇癪《かんしゃく》に困り果てているのは明らかだった。彼はそれ以上多くを語らなかったが、カジノの運営が全面的に頓挫して混乱の極みに達していることが私にも読みとれてきた。ニックの話では、経理担当重役のドン・ウッドは今朝倒れて担ぎ出されたそうだ。文字通り担架で担がれて病院に運びこまれてしまった。疲労が重なって神経衰弱に陥ったのだ。それを聞いてもドナルドは怒り狂うだけだった。彼の見方によれば、トップの管理職ともあろう男がだらしがない、ということになる。彼は全員まとめて首にしてやると口走り、ニックはおたおたしていた。

私は近くに立っていたロバートに挨拶した。「どうなっているんです？　そんなにひどいんですか？」とたずねた。ロバートはいつもと変わらず穏やかな態度だった。彼は肩をすくめた。

「さあてね、ジャック。どうもまずいようだ」

なかでも一番不安そうな様子なのはハーベイだった。彼はドナルドの金融戦略の最大の立役者であり、補佐役としてもトップの座を占め、経理にかけては経験豊かなベテランだったが、その彼がうつむいて絨毯を見つめながら、私に向かってつぶやいている。それは独り言を言っているようにも聞こえた。「まずいことになったもんだ」彼は口の中で「うまくいくか、それともつぶれるか」などと何やらもぐもぐ言った。「これがどんなに重大な事件か、みんなにはわかっちゃいないんだよ。この週末にはなんとしても金を稼がないと、うちはもうしのぎがつかないんだ。なにしろ湯水のように使っちまったんだから……なんとか挽回しないことには」

私は直接ドナルドに話を聞こうと、すぐに彼の方へ歩き出した。彼も私に気づいてこっちにくるところで、途中で出会った。げっそりやつれ、いつもの彼に似ずだらしなく見えた。髪の毛は指で掻きむしったみたいに、いく筋か垂れ下がっている。スーツの上着はベンツがしわくちゃで、膝と肘にもしわが寄っている。「ジャック、なんとかここをオープンさせてくれ」と言うと、怒っている時の癖で、同じ言葉を繰り返した。「ジャック、なんとかここをオープンさせてくれ」そしてもう一度繰り返した。間近で見ると目にくまができて、疲れが浮いて見える。おや、この人は今回は本当に参っているんだな、と思った。激怒のあまりひどい形相だ。

「ドナルドさん、私はまだどこに問題があるのかも知らないのですよ。三〇分でオープンできるものやら、三時間かかるものやら。でもまず第一に――」

「いや」彼はさえぎった。「オープンできるさ……できるとも。一五分でやれ、ジャック。一五分以内にオープンさせるんだ。一時半にはオープンするように頑張ってくれ」

これ以上彼と言い争っても無駄なことはわかっていた。「わかりました、ドナルドさん、四、五分待ってください、こちらからご報告しますから」

私はディノを見つけだした。彼とは長年仕事の上で密接な関係があるので、彼のことはよく知っていた。ディノは賭博法に背くことは絶対にしないが、ギャンブルという商売の性格をちゃんとわきまえていて、その適用には手心を加えてくれる。「問題は、ここの連中がこのカジノのフロアに今現在いくら現金があるのか報告できないってことだ。前日の残高とのつき合わせがまったくできていない。今朝までに一二時間はあったはずなのに、まだ報告できないときている。きちんとした会計報告があるまではカジノを開けさせるわけにはいかないね。会計報告さえしてもらえばすむことなんだ」

問題はスロットマシンの売り上げにあった。私にもだんだんにわかってきたのだが、この日のタージは、およそでたらめな立案と準備不足のせいでひどい混乱状態に陥っていた。

カジノでは、現金はすべて「前払い」方式で流れている。つまり、受け出された額ときっちり同額の現金やコインを常に補充しておかねばならない。この方式は従業員がちょろまかすのを防ぐ手段として州の規則に定められ、カジノの経理でも自発的に採用してきた。仮にコインの両替所で客に五〇〇ドル支払ったとすると、カジノのコイン・センターである「ケージ（金庫室）」からその両替所に二五セント硬貨をきっちり二〇〇〇枚移しておかねばならない。オープン当日の月曜日には、タージは大勢の客でごった返していた。五〇〇万ドル以上がチップと交換された。立案のまずさとか訓練不足、以前から指摘されていた建物の設計上の欠陥などが相まって、タージではコイン・センターからフロアの各所に点在している両替所への膨大な金の流れを追跡し、つき合わせることができなかった。

これは単純な経理上の問題である。だが火曜日になってみると、この問題はまさに悪夢のような様相を呈したのだ。

当初私にはそれほどおおごとだとは思えなかった。ディノをはじめ州の管理委員にも、とりあえず「オーケー、ではこれからコイン・センターに戻ってどうなってるか見てきましょう」と気軽に返事をしたくらいだ。

トニーと私は、スタッフを上から下まで一人残らず問いただす仕事にとりかかった。その結果カジノのフロアに現在現金がいくらあるのか、誰一人知らないことが判明した。そればかりか、コイン・センターからいくらもち出したのか、また前日のオープン前にはいくら出しておいたのか――五万ドル以内か、それとも一〇万ドルまでなのかということさえ判然としない。

部屋から出ていくと、ドナルドはいらいらして待っていた。私はまっすぐディノのそばに歩み寄った。ドナルドもついてきて、私の肩ごしに身を乗り出した。ロバートや他の重役たちもドナルドのすぐ後ろまで近寄ってきた。

「これはちょっと時間がかかりますね」

「どれくらいだ？」とディノが聞く。

私の見るところでは少なくとも六時間か、あるいはもっとかかるものと思われた。だがドナルドはそんなに長くは待てないと言うに決まっている。私は「一時間だけ時間を下さい」と答えた。ドナルドは怒りと不信の目つきで私をじろりと見た。「何をぐずぐずしてる？　なぜ今すぐきちんとできないんだ？」彼はひそひそ声で私を詰問した。

「ドナルドさん、金の勘定をしなくちゃなんないし、帳簿もきちんとつけ直さなきゃなりません。それにはしばらく時間がかかるんですよ」

「くそっ、なんてこった」彼は両手を高く差し上げた。「こんなことになるとはまったく信じられない……こんなことになっては困るんだ。有名人も招待しているし、友人たちもみんなくることになってるんだから」彼はその後三日間というもの、そのことばかり絶えずくどくど繰り返していた。

「できるだけの努力はしますから」と答える。

彼は相変わらず誰の言葉も受けつけない顔をしていた。彼の忍耐の持続時間ときたら、注意力の持続時間よりもさらに短いのだ。ドナルドはただやみくもに今すぐカジノを開けたがった。それが不可能なら、誰かを首にすべきだ、というのがドナルド流の考え方だった。彼の返事はこうだ。「ジャック、みんな首にしちまえ。気に食わない奴がいたら、誰でも首にしろ。責任者はどいつもこいつもみんな首だ。そんな奴らはこのビルにいてもらいたくない」

「どあほうはみんな首にしてやる」

誰にも鎮めたり説得したりできないほどドナルドが激怒しているのが、私にははっきり見てとれた。州の役人がその場に居合わせなかったら、とっくに癇癪を破裂させていたに違いない。ドナルドが怒り心頭に発していることは、彼の側近の人たち、ことにニック・リビスからよくよく言い聞かされた。ドナルドの人目につかない怒りのはけ口にされたニックは、さっきからくどくど警告を続けている。「ジャック、ドナルドは頭にきてるぜ。スタッフの半分は首にする気じゃないかな」

ついに私はきっぱりと言ってやった。「ニック、今はそんなことをくよくよ気にしてる場合じゃない。ドナルドのことはきみに任せるよ。俺はここをオープンさせなきゃならないんだ」

それから午後中かかって、フロアの方々に散らばっている各両替所に問い合わせて現金残高表を作成し、必要な書類を集めてファイルした。有能な社員をできるだけ大勢集め、トランプ・プラザとトランプ・キャッスルとからベテランを応援に頼んで彼らを監督させることにした。どの両替所でも我々の計算と州の取締官の計算とでは大きな差額が生じた。総額では二〇〇万ドルちかくも足りない。経理上の事務処理に関してタージ・マハールは州が指定した処理方法に大きく違反している。私としては、これだけの食い違いが存在することも、数々の違反に対して当然罰金を支払うことも認めたうえで、この大きな差額について妥協点を話し合うよりほかにとるべき道はなかった。そうでもしない限り、我々が問題をすべて解決するまで——それはいつのことになるやらわからないのだ——カジノは閉めたままにせざるをえない。私はその妥協案をディノに伝えた。彼はしぶしぶ同意してくれた。

今度はその話をドナルドに伝える番だ。彼は管理委員の詰所の近くで私の報告を待っていた。私が歩み寄った時、ドナルドは、アトランティック・シティ医療センターで治療中のドン・ウッドのことでウォルトを問い詰めていた。「あの野郎を首にしたか？」と聞く。ウォルトは一瞬ためらってから、ドンはできるだけ早く復帰させますからと言ってドナルドをなだめようとした。ドナルドは怒りを爆発させた。「駄目だ！　首にしろ！　あいつの間抜け面など二度とこのビルの中で見たくないんだ！」この時分にはドナルドは、自分にはさっぱり理解できない経営上の混乱という実際問題からは、ますますそれてしまっていた。彼はタージのトラブルは「だらしのない」重役陣のせいだと信じて疑わなかった。

「お前たちのようなどあほうはみんな首にしてやる。ここにはきりっとした人物が欲しいんだ。

あほうどもを追い出してくれるような男がね」

彼はウォルトとの話を打ち切ってから、私がいるのに気づいた。「やあ、ジャック」

私は食い違った差額について説明し、我々の考えた妥協案を伝えた。彼は上の空で耳を傾けていた。そこへニックがやってきた。ドナルドは不意にニックの方を向いて、彼を睨みつけた。

「ニック！　俺はなんのためにお前に給料を払ってんだ？　お前はあの連中にはいくらか影響力があるはずじゃなかったのか？」彼が言っているのは取締官のことだった。「お前はこのカジノをオープンできなかった。俺はちゃんとオープンできる奴を誰か連れてくることにする。誰か……」と言って彼は一瞬考え込んだ。「そうだ、マイケル・ブラウンを連れてこよう」有力なカジノ専門の弁護士で、かつて賭博局の局長をしていた男の名前をもち出した。「あの男をここに連れてこよう。あいつに一枚嚙んでもらうことにしよう」

午後三時、食い違いの差額は話し合いで決着をつけた結果、三万ドルに縮まったことをドナルドに報告。三時半にディノは役所の上司のトニー・パリーヨをはじめ二人の管理委員やそのスタッフたちと会談した。彼らは書類を検討した結果、私と同じく、タージではカジノのフロア全体でいくら現金があるのか前日の営業が終了するまで皆目わからなかったことを納得した。そこで私のほかにドナルド、ロバート、ハーベイ、ニック、ウォルトらが招集された。

ディノが言った。「オーケー、好ましいとは思われないが、そっちの準備が整いしだい、オープンしてよろしい」

ドナルドは何も言わずに、ゆっくりと吐息をついた。みんなは、四時間ちかく前に私がボディガードに伴われて入ってきた時と、ちょうど同じ場所に立っていた。

四時二〇分、制服姿の警備員がベルベットのロープを外し、タージ・マハールは予定より六時間半遅れて二日目の試験営業を開始した。朝のうちは何千人もいたはずのギャンブラーの数は数百人に減っていた。

だが新聞記者たちは持ち場を動かなかった。カジノがオープンするや否や、マイクやカメラのフラッシュやテレビのライトを手にしてドナルドの周りに群がった。彼はどう言ってこの場を切り抜けるつもりなのかと私は気をもんでいた。彼はライトを当てられてまぶしそうに目を細めたが、たじろぐ様子は見せなかった。「こんなに途方もないことははじめてですよ。なにぶんにもものすごく膨大な集計事務を要したのです。そうした会計処理をして、ぴったり帳尻を合わせておきたかったものでね」

一人のレポーターが「スロットマシンの会計に問題があったと聞きましたが」と質問した。

「唯一の問題は、金額が大きすぎて勘定するのに思ったより手間がかかった、ということです」

私はその場を抜け出すと、あきれて首を振った。少なくとも彼はぼろを出してはいない、私は感嘆にちかい思いを抱いた。これこそドナルドの真骨頂なのだ。抜け目なく頭を働かせて、実際のその場の状況とは似ても似つかない話を作り上げてしまう。

ドナルドは記者たちに発表を終えると、顔をそむけた。インタビューはこれで打ち切り、というのサインだ。彼らに背を向けると、私の方にまっすぐ歩み寄った。その時のような表情を目にしたのははじめてだった。顔は引きつって、目鼻立ちはばらばらに引き裂かれたように見えた。それでいてぼうっとした顔つきで、表情がすっかり拭い去られていた。その顔は、崖っぷちまで追い詰められた末に、やっとの思いで転落を免れた人を思わせた。

「ジャック、今後はきみがここを取り仕切ってくれ。白紙の委任状を渡すから。きみの思い通りに誰でも首にしてかまわない……ここにいる役立たずどもを見るがいい……」彼は離れて取り巻いている弁護士や重役たちを身ぶりで指し示した。「誰でも思い通りに首にしていいからな」

ドナルドは、これが自分の与え得る最大の権限だと信じていた。

「他のカジノの人間でも、必要だと思えば誰でも連れてくるがいい。これではあんまりひどすぎる。俺はここから手を引いて、ニューヨークに戻ることにするからな。ジャック、この場を離れるんじゃないぞ。なんとしてでも正式の開業にこぎつけろ。邪魔されてたまるか」

トランプ帝国にしのびよる影

水曜日の夜は、カジノを開けておくための最善の方法を探って、一晩中役人たちとの折衝が続いた。スロットマシンの全部、もしくはその一部を閉鎖するのは避けられそうもなかった。問題はその時間と台数である。弁護士たちは頑強に反対し、ドナルドに報告した。

その夜の一一時半に、ドナルドから電話があった。

「どうなってるんだ、ジャック。片はついたのか？」

「目下解決するよう努力してるところです、ドナルドさん。ここがどんなありさまだったかご存じでしょう。いろいろと検討したんですが、ここには大きな問題が山積してましてね」

彼は耳を傾けようとはしなかった。「スロットマシンを半分閉鎖するって話だが、どうしたんだ？　そんなことは許さんからな、いいかね？　明日は全部のスロットを開けるんだ」

「ドナルドさん、これには事情が……」

「待ちたまえ、ジャック。一体全体、明日はスロットマシンを全部使えるのかね？　俺はどれもみんな使えって言ってるんだ。カジノを半分閉めておくなんてことはできない相談だ。そんな恥さらしはご免だね」

「今のところこんなふうに考えてるんですが、一部の区域をロープで囲って……」

「それは駄目だ」

「ドナルドさん、役所の方では……」

「いや、ジャック。それはできない、絶対駄目だ。不可能だ」

「でも、役所の方では予定通り一〇時にオープンを許可する気でいるんですよ。深夜四時まで開けておけるんです。終日営業を認めてくれるそうですから。ただし、一部の区域は入場を制限しなくちゃなりません。そうしておけば、コイン・センターへの金の流れもいくらか減るでしょうし、一部の両替所を客から隔離して金額の食い違いをただすことができますからね。というのは、なかには信じられないようなでたらめな金額になっている両替所もあるんですよ。スムーズに金が流れるようなきちんとした循環システムを作っておかないと、手に負えない問題を抱え込むことになりますからね」

だが、私の言葉は彼の耳を素通りしてしまっていた。

「くそっ、なんて始末なんだ、ジャック？　問題はリビスかい、それともウォルトか？　この俺はいったい何をすればいいんだ？　あの見下げ果てた奴らを首にすることかね？」

「ドナルドさん、次善の策を検討してみて下さい」

「いいや、ジャック。それはできない。何百万ドルも損することになるじゃないか」

彼は少なく見積もっても何千万ドルもの大金を失うことになる、とあくまでも言い立てた。だがこの際、何億ドルもの収益力をもつカジノを長期的に安定した軌道に乗せることにくらべれば、それはとるに足らないことに思われた。その当時私はトランプ・オーガニゼーション内部の財政危機についてはあいまいな報告しか耳にしていなかった。だがその頃すでに、弁護士たちのひそひそ話やハーベイのつぶやきから、次第にそれがはっきり表に現れはじめていた。ドナルドの言葉から、今彼が非常に深刻な事態に直面していて、タージ・マハールが成功するかどうかが決定的な鍵を握っていることが私にも察せられた。

皮肉な話だが、木曜日のオープニングの式典会場のあまりの見事さも、ドナルドの抱えている問題の大きさをことさら際立たせるだけに終わった。今のドナルドは何がなんでも自分のイメージに必死でしがみついていなくてはならない。それは長年敵をも味方をもあざむいてきた武器であり、そのイメージによって銀行家や株主や政治家たちを眩惑してきたのだった。今彼は無意識のうちに自分に対しても同じことをしていた。「誇張された真実」と称していた作り話の罠に自分自身がはまりかけていた。彼はタージの四二階建てのホテルの最上階を「五一階」と呼ばせるようなたわいもない嘘をついて、ニュージャージー州で一番高いビルだと主張したり、オープニングの式典には大勢の有名人が出席する予定だと吹聴したりした。今彼が「トランプ」が直面している財政危機を実際に信じないでいられたのも、それとまったく同じ心理からきていると言えた。

だが木曜日の午前八時、ドナルドは意気揚々としてヘリコプターからトランプ・キャッスルの屋上に降り立った。キャッスルの正面の車寄せには銀色のリムジンが待機していて、町の反対側にあるタージ・マハールへと彼を素早く連れ去った。八時半には、主立った側近やタージの重役たちや広報担当者をはじめ、リンウッドやジム・ファーやニューヨークの四人のボディガードたちに囲まれて、ドナルドはロビーへ入っていった。まだロビーの中に何歩も足を踏み入れないうちに、突き出されたマイクやフラッシュやテレビ・カメラで身動きもできなくなり、腕力に少々の行きすぎがあってもこの際やむをえないとみなされた。この日彼は何人かの大物から出席の約束をとりつけていて、その中にはニュージャージー州知事のジム・フローリオもいた。彼は首都のトレントンからドナルドが自ら付き添って視察旅行に出た途中に立ち寄ったのだ。

スロットマシンのフロアはまだ混乱していて、カジノが開店して何千人もの客がどっとなだれ込んでスロットを使いはじめると、ますますごった返すばかりだった。

階上では、ホテルの屋根の一部が雨漏りするし、部屋のキーはうまく合わないし、ルーム・サービスは停止になるし、レストランで食事をしようにも何時間も待たされるという始末だった。最上階では水圧が低くて水の出が悪い上に、温泉もヘルス・クラブも小売店も託児所も美容院もまだ未完成で、開業にはその後何か月もかかった。

「驚いたよ、ジャック、すごいじゃないか」その日の午後ホテルのロビーでドナルドと会った時、彼は大声で声をかけた。私はスロットのスタッフとの会議に行こうとして、お伴を引き連れたドナルドと鉢合わせしたのだった。彼は上機嫌だったが、疲れて見えた。目が少しはれぼったくて、頬が青ざめている。彼を取り囲んでいるボディガードの輪の外から、大勢の客やファンが押し合いへし合いしてのぞき込んだり、彼の注意を惹こうとして叫んだりしていた。

私がスロットマシンの一部をロープで囲う案を説明しようとする間も、フラッシュがたかれ、シャッターの音が絶え間なく聞こえた。「よくやった、ジャック……よくやった」そう繰り返す彼の顔も乱れた髪も、フラッシュに照らされている。「きみが頑張ってくれたんで、助かったよ、ジャック……でかしたぞ」その時近くのラウンジにいる誰かに気づいて、そっちの方向に押しやられていった。

ドナルドは終日、報道記者やファンのせいでもみくちゃにされながら動き回っていた。誰もが成功を祈ると声をかけ、タージ・マハールみたいに立派な建物は見たことがないとほめそやした。ドナルドは本当に自分が「世界の八番目の不思議」と言われるようなビルを建てたのだと心底から信じていたようだ。だからたとえ何か問題があるにしても、そんなものは取るに足りないと思っていた。

首をすげ替えれば「万事解決」

夜のオープニングの式典が終わって廊下に出たところで、心配そうな顔をしたニック・リビスに呼び止められた。そして、しびれを切らした役人たちが、臨時のオフィスに当てているホテルのスイートで我々を待っていることを知らされた。

急いでロバートやハーベイその他の緊急用スタッフを招集してそのスイートに出向くと、部屋にはディノをはじめ数人の役人がいた。彼らが言うには、スロットの賭場は混乱して手のつけようがないし、運営方法もおよそでたらめだし、サービスは話にならないほどひどい、そのうえいまだに正確な会計報告が提出されていないときている。我々としてもオープニングの式典まではと思って、ドナルドのための時間稼ぎにベストをつくしてきた。今は長期的な行動計画を立てる時機にきている、タージ・マハールはこのままでは州の営業認可が下りないだろう、ディノはそう申し渡した。

我々は内輪だけで集まって相談した。ロバートやハーベイまでが、半数の約一五〇〇台のスロットマシンで営業を続けるしかないことを認めた。スロットのフロアの主な改修作業については――両替所を増設し、金庫室とコイン・センターの床面積を広げることなど、すでに請負業者に発注してあった。我々はこのプランをディノにもち込んだ。彼は役所のスタッフの反対を押し切って、翌日の金曜日にも開業することを認めてくれた。

四月六日、金曜日の朝起きぬけに、ドナルドが私やロバート、ハーベイ、ウォルト、ニックらと、ウォルトのオフィスで会いたがっていると連絡が入った。

八時半頃にはみんな集まった。一五分前後は待っていただろうか、つまらないおしゃべりをしながら結構楽しい雰囲気だった。やがて突然ドナルドがいつものようにせかせかした足取りで入ってきた。ハーベイが立ち上がって席をゆずると、ドナルドはすぐにどっかりと座った。挨拶もしない。高々と足を組み、ズボンの折り目をぐいっと引っ張る。ゆっくり休養して疲れも回復したようで、ブルーの細い縞のワイシャツにピンクのシルクのネクタイを締めている。まだ起きたばかりのように見えた。髪の毛が湿っている。それともいつもよりもたっぷりヘアクリームをつけて撫でつけたのだろうか。

彼は部屋にいる一人一人に順に厳しい一瞥をくれた。彼の左にいるロバート、立ち上がったままのハーベイ、ニック、私、そして最後にウォルトと視線を合わせる。

「今日はスロットは全部使えるんだろうな？」

ニックと私が答えようとした。だが彼は素早く次の質問を放った。

「ウッドは首にしたんだろうな？」

ウォルトが答えた。「彼は二日間休みを取っています。どこか他の部署に回そうかと考えているところです」

ドナルドはせかせかと頷くと、ウォルトをねめつけた。「ああ、わかってる……そのことならみんな知っている。彼はどこか俺の目につかない、カジノの裏方のオフィスに移されたと聞いている。そうだったな?」

「ええ、一応移して——」

ロバートは目を伏せた。

「待ちたまえ」ドナルドがさえぎった。「どういう意味だ、『移す』だと? あの野郎はまだ俺のところで働いているのか? あのどあほうに給料を払ってやってるのか? 奴は裏手のオフィスで隠れて仕事をしてるって言うのか?」くどくどと小言を言い続ける。

「ドナルドさん」ウォルトが何か言いかけた。

「貴様は黙ってろ! 俺はある仕事を言いつけたのに、お前はそれを果たさなかった。裏手に移すとは……こんないい加減なやり方は見たこともない! 今日は全部のスロットは使えないって話も聞いている。この週末にも全部のスロットは使えないだろう。貴様たちは頭がどうかしちまってるんじゃないか! そんなことは許さんぞ! この週末にはどのスロットもみんな開けるんだ!」

私は口をはさんだ。「ドナルドさん、これは役所の方とも話し合って決めたことなんですよ」

だが彼は信じられないといった目をして首を振った。

「我々の方としては実際どうすることもできないんです」ウォルトも口を添える。

ドナルドは癇癪を破裂させ、ウォルトを怒鳴りつけた。「貴様! べらべらしゃべりすぎるぞ。お前なんぞ何もわかっちゃいないくせに! このどあほうめ!」

話題はいくつかの具体的問題に移っていった。発言したのは主としてハーベイとニックだった。

ドナルドは耳を傾けていたが、まだ怒りで顔が紅潮している。「こんなことになるとは信じられん。いったいどれだけ損することになるのか誰もわかっちゃいないときてる。一財産なくすことになるんだぞ！」

「ドナルド、まさかこんなことになろうとは、まったく思いもしなかったよ」ロバートがなだめるように言った。

「ロバート、放っといてくれ！」ドナルドは弟の方には目もくれずに、ぴしゃりと言い返す。

「この場になって今さらお前の言うことなんぞに金輪際耳を貸すもんか。お前の言うことを聞いてたばっかりに、こんな目に遭わされたんだ……今度の一件は自分には関係ないって思ってんのか？　お前だってこのタージにいたからには責任があるんだぞ。お前がこの男がいいって思って言ったんじゃないか」――ウォルトにぐいと指を突きつける――「このビルを任せるにはこいつがいいって。で、こいつの方でもやらせてくれって言うもんだから。俺も頭がどうかしてたんだ。お前の推薦を受け入れるなんて。お前の言うことなんぞ聞くのはもううんざりした……こんな見下げ果てた奴らの言うことを聞くのはこりごりだ！」

ロバートは素知らぬふりをして何も答えなかった。ハーベイとニックは彼に助け舟を出そうとして話題を変え、一〇時半に請負業者と会うことになっているのをドナルドに思い出させた。

ドナルドも言うだけ言って気がすんだようだ。私は立ち上がり、座っているみんなをそこに残して一足先に失礼した。カジノのフロアに降りて、支障なく運営されているかどうか最終的な点検をする。私に関する限りタージでの仕事はこれで終わった。そこへニックがあたふたと後を追ってきた。「ロバートが出て行った！　きみが行ってすぐのことだ。秘書にいくつか箱をもってこさせて、『ぼくはここを出ることにする。ここにはいたくない』って言ったそうだ。それでヘリコプターで、家に帰ってしまった」

これには仰天した。ロバートと親しいハーベイも彼に続いて出ていくに決まっている。私の推測通り、一時間後にはハーベイも飛行機でニューヨークに向かった。

ニックは気も狂わんばかりだった。「これからどんなことになるか、きみにもわかってるだろうな？　俺はここに釘づけにされちまうんだ。畜生め！　あいつらはみんなさっさと逃げ出しちまいやがって……ジャック、俺には自分の仕事があるんだ、依頼人たちが大声で助けを求めてるんだよ……それをドナルドのために何もかも犠牲にしてきたんだ。だのにこの先どういうことになるか、わかるだろ？　俺ばっかりが非難されることになるんだ。誰も彼も責任逃れをしやがって、俺が奴らの尻拭いをさせられるんだ」

私ももうたくさんだった。請負業者との会合には立ち会う約束をしたが、それが終わったら自分のカジノに帰るつもりだ。火曜日この方ずっとプラザには帰っていない。

ニックはぶつくさ罵りながら行ってしまった。管理委員の詰所の近くに直通電話があるのを見つけて、プラザのジョーレンに電話を入れた。彼女は私の声を聞いて喜んでくれた。

その時背後にウォルトが立っているのに気づいた。私は受話器を手にしたまま、声をかけた。

「大変だったなあ、大丈夫かい？」彼は肩をすくめて見せた。私は身ぶりで待つように伝えた。

だがちょうど電話を切ったところへ、ドナルドがやってくるのが見えた。コイン・センターのあたりをせわしげに出入りしている従業員の間を縫うように歩いてくる。

ドナルドはまっすぐウォルトに近づいた。軽く相手の胸をたたいて「きみははずされたよ。もうここの社長じゃない。今バッキー（・ハワード）をこのビルの責任者に任命したところだ。きみは今後は経理部長だ。あとで給料を減らす件について話し合うとしよう」それだけ言うと行ってしまった。

ウォルトは私と目を合わせたが何も言わなかった。私はどっきりした。だがあとから考えてみても、なぜそんなに驚いたのかわからない。以前にもドナルドが相手を侮辱した場面に居合わせたことはいくらもあったのだから。

ドナルドは請負業者との会合にはちょっと顔を出しただけだった。彼はすっかり機嫌を直していた。くつろいだ表情で大工の棟梁やバッキーの背中をたたいてジョークをとばしている――その日の朝目覚めた時にはキャッスルの営業担当重役だったバッキーは、ほんの一時間前からは社長になっていた。ドナルドにしてみれば、これで万事解決というわけだ。彼は行動を起こして一つの決断を下したのだ。一人の社長の首を切って別の男とすげ替えた。これで問題はすべて解決したと信じている。それで今やうきうきしてマイケル・ジャクソンの到着を待ち構えていた。

ドナルドがスティーブ・ウインにマイケル・ジャクソンを紹介されたのは前年の一二月、ラスベガスでミラージュのオープニングを祝うイベントでのことだった。ドナルドはアトランティック・シティでのジャクソンのコンサートを、トランプ・プラザがスポンサーになって開けるものと思い込んで帰ってきた。「マイケル・ジャクソンはこっちに頂きだ」彼はそううそぶいた。

金曜日の午後二時、私はようやくトランプ・プラザに帰った。疲れ果ててはいたが、気分は上々、久し振りにわが家に戻ったような気分だ。だが火曜日にタージに出かけて以来眠ったのはたった四時間で、体はくたくただった。私は五時に車でプラザを出て帰宅し、この三日間ではじめてベッドで眠った。

その日タージでは、スロットマシンは午後四時まで開業できなかったうえに、午後九時半には閉じてしまった。その週末の間ずっと閉じたままだった。月曜日になって一〇〇〇台のスロットの使用が再開された。その週の後半になって、さらに六〇〇台が使用可能になった。残りの一四〇〇台あまりはその後二週間かけて徐々に営業を開始した。タージが法で規定されている一日一八時間のフル営業ができたのは、この週のうちでオープン当日の木曜日だけだったが、この日の勝ち越しは一〇〇万ドルに達した。この数字から推して、このごたごた騒ぎはドナルドにとって数百万ドルの損についたに違いない。自分でも恐れていた通り、一財産なくしたことになる。

15 帝国崩壊の足音

トランプ・グループの地殻変動

土曜日の朝早く、電話のベルに私は立ち上がって、キッチンで受話器を取った。マークの未亡人、ローレン・エテスからだ。

「もしもし、ジャック？　ローレンです」

「はい、もしもし、ローレン、どうしたんです？」

「あのう、トランプ・オーガニゼーションのスタッフの一人として、仕事のことでお願いがあるんですけど」（あとで知ったのだが、ローレンはトランプ・キャッスルの顧客開拓担当重役になっていた）

「それで？」

「実は人事異動があったんです。ドナルドは会社の利益を一番に考えてスティーブの後任を決めることにしたんですって。それでエド・トレイシーを選びました。だからみんながあなたに協力して頂きたいって……」私は耳を疑った。不意を突かれて度を失った。だがこうなるのを心得ているべきだったのだ。

「そう……またやけに早く決まったもんだねえ」と答える。おそらくタージでは混乱のあと再編成が行われるだろうと、私も推測はしていた。だが月曜日になってから、今後どうすべきか、スティーブの後任を積極的に探すべきかどうかを話し合い、その結果実際にそれが必要となってから、スティーブの後継者を決めるという段取りになるものと思い込んでいた。それがまさかこんなに急に決まるとは。だがそう聞かされた瞬間に私が本当に怒りを感じたのは、その背後に見え隠れする打算的な考えだった。ニック・リビスが話してくれたのだが、トレイシーが後任に決まったらジャックは辞めるに違いないと警告したら、ドナルドは「ジャック・オドンネルにはどっさり給料を払ってやってるから、絶対に辞めたりするもんか」と答えたそうだ。

それを聞いて私は笑ってしまった。「なあ、ニック、おかしいじゃないか。こっちは三年間も彼のために働いてきたっていうのに、向こうじゃ俺のことをなんにもわかっちゃいないんだ。そりゃあ金は大事さ。でも俺にやる気を出させるのは金じゃあない。こっちからは一度だって賃上げを頼んだことなんかないんだぜ」

ニックは頷いただけで、何も言わなかった。

私は続けて言った。「これだけははっきり言えるけど、このままここにいるにしても、俺の心境は変わってきている。向こうは契約に従って給料を払う気だ。うちのカジノの業績に基づいて、つまり俺の稼ぎに応じてね。市内の他のカジノの業績と比較して俺の給料を決める、それだけのことさ。向こうが俺のことをそんなふうに考えてるなら、こっちだって気持ちのもちようがまるっきり変わってくるよな」

それにしても今、電話の相手は黙り込んでいた。ローレンは口を開いた。「ジャック、みんなあなたが支持してくれるのを当てにしているんです。あなたがチームの一員になってくれるのを」

「ローレン、こんなことを聞かされるなんて信じられない気持ちだな。それも電話をしてきたのがきみだなんて」

「私だって気が進まなかったのよ、ジャック」

「ドナルド・トランプが自分で電話をかけてくるべきだよ」

ローレンは一瞬口ごもった。「ええ、きっと彼からも電話があるとは思うけど……でもほら、みんなが私にかけてほしいって」

私は「みんな」とは誰のことなのか聞き返さなかった。みんなは私から忿懣《ふんまん》をぶつけられるのをかわそうとして、まず彼女に電話をかけさせてこっちの反応を探り、報告させようとしたに決まっている。「みんな」は私が親友の一人だった男の未亡人に対しては、癇癪を破裂させたりしないことを心得ているのだ。

「ローレン、正直に言わせてもらうけど、こんな電話をかけてくるなんて無礼な話だと思うな。先週あれだけ人を頼りにしておきながら、今さらチームの一員になってくれだなんて、よくも言えたもんだ。先週のことはさておくとしても、この三年間のことはどうしてくれるんだ？　自分に課せられた仕事のことだけを考えて、うちの社にとって一番利益になるように懸命に頑張ってきたんだからね」

彼女は何も答えない。

「オーケー、もういいよ……やれやれ、ローレン。これだからあなたに電話を……わかってるんだ……知らせてくれてありがとう」

それでもまだ黙っている。

それからようやく口を開いた。「オープニングの式ではあなたやリサに会えて嬉しかったわ。マークのことが思い出されて」

「ああ、俺もそうだよ」

「なんだか淋しいわよね」

「そう、ほんとに」と答えて、言い添えた。「ローレン、さっきはつい腹を立ててしまって悪かったね。あなたに怒ってるわけじゃないんだ、わかってくれると思うけど」

「それじゃ、もう行かなくちゃ」

「ああ、俺もだ。きみや子供たちに何か困ったことがあったら、俺がいることを忘れないで、気軽に電話をかけてくれよな」

「ありがとう。あとで電話するわ」

「ああ、いいとも。またあとで話そう」

電話を切ってからも、ちょっとの間座り込んだまま次に何をすべきか考えていた。その日は夜遅くなってから出勤するつもりにしていた。だがこうなってみると、このまま家でぐずぐずしている気にはなれなかった。ぼんやりしてはいられない。二階に上がってシャワーを浴び、背広を着ると、ジープを駆ってトランプ・プラザに向かった。

午後二時半頃、顧問のロジャー・クローズのオフィスにいた時、電話があった。トランプ・アトランティック・シティの新しいボスがやってきて、今重役室のフロアに向かっているという。受話器を置くと、ロジャーがたずねた。「何事です？　誰がきたんですか？」

「トレイシーだよ。信じられるかい？　彼は身辺警護を頼んだそうだ」

エドは通りがかりに開いていた戸口から二人がいるのを見て、首を突っ込んだ。「やあ、何をしてるんだい？」努めて陽気に声をかける。彼が神経をぴりぴりさせているのは一目瞭然だった。私と話をしたがっているようには見えなかった。だがこっちは彼に話がある。私は立ち上がって、私が自分のオフィスで話をしたがっていることをはっきりわからせた。彼は私についてきて、二人は応接用のテーブルをはさんで椅子にかけた。

「さてと」彼は口を切ってから、軽く吐息をついた。数分間とりとめのない話をしていたが、私はその間じっと待っていた。そのうち、余談のような感じで、何げなく切り出した。「いやあ、それで今度この仕事についたもんで、ぜひともきみの助けが必要になると思ってね。今回のことはきみにもぜひ承知してほしいんだ。これからはいわばチームを組んでやっていくつもりだ。きみもこのプラザでチーム・プレーヤーとして協力してもらいたい……」

「なんの話をしているのかさっぱりわからないな。その『チーム・プレーヤー』ってのはどういうことなんだ？　こんなに急に変えてしまうなんて、予想もしなかったよ。そうだろ？　率直に言うけど、エド、大体この『チーム・プレーヤー』って代物は気に障るね。それともう一つ言わせてもらえば、今度の件でドナルドから電話がなかったのが不満なんだ。それに、最初にローレン・エテスから聞かされたってのも気に入らないね」

「ジャック、きみにチームに加わる気があるのかどうかだけ聞かせてもらいたい」

「エド、きみに言っておきたいことがある。俺はここにいて……今日はきみの方から頼みにきている、ところで俺は筋は通す男だ。これまでもずっとそうしてきた。きみが頼むっていうなら、一〇〇パーセントきみに譲るよ。つまり、きみがそういうつもりなら、そう、ぼくもチームの一員だってことさ」

「きみが将来もチームに留まるつもりなのかどうかを知りたいんだ」

「そうだな、そのこともよく考えてみなくては」

「この先もずっとこのチームのメンバーでいるかどうか、決心がついたら知らせてくれないか。俺としてはきみにここにいてほしい。きみには大いに期待しているよ」

「冗談言うなよ、エド。ぼくは今までだってトランプ・オーガニゼーションきっての稼ぎの多いカジノを手がけてきたんだ」

「これからはどこか一つのカジノがトップになるってことはなくなるんだよ。全部のカジノが一つのグループとして前進するんだ」そう言って一瞬考えていた。「うーん、俺の言う意味はわかるだろ？　俺としては……きみに大いに期待している……決心がついたら、知らせてくれないか？」

「きみにもすぐに知らせるよ」

「俺は闘士が欲しいんだ」

私は六時過ぎにオフィスを出て帰宅した。「早かったのね」忙しい土曜日の晩にそんなに早く帰ったので、リサはちょっと驚いて言った。

「ドナルドから電話があったか？」

「いいえ、なかったわ」

その後、二人はベッドに入ってテレビを見ていた。ちょうどイブニング・ニュースが終わったところだった。私のそばのナイトテーブルで電話が鳴った。手を伸ばして受話器を取る。

「ジャック、元気かい？　ドナルドだ」

「ええ、元気です、ドナルドさん。何をなさってるんですか？」

リサの方に目をやると、体を起こして座っている。

「そこらを歩きまわってるだけさ。タージにいるんだ。きみがきてるかと思った」

「いいえ、帰ってきたんです。ひどく疲れてしまって」

「そうか、今日タージでマイケル・ジャクソンを見たかい？」

「いいえ」

「ものすごかったよ、ジャック。あんな騒ぎははじめてだ。もうこれ以上は入れないというほどの混雑ぶりでね。立っているのがやっとというありさまだった。大変な騒ぎだ。だけどジャック、言っとくけど、あいつは一風変わった途方もない野郎だぜ。部屋から出るとなったら、警備員が人混みを掻き分けて通り道をあけなくちゃならなかった。『くそっ、こりゃあ、駄目だ。カジノのフロアを通り抜けよう』俺はそう言ったんだ。まあ聞いてくれよ、あの雑踏で……俺は離ればなれになっちまうかと思った。だのに、あのろくでなしときたら、いい気持ちになってやがんの。そうとも、まじめな話、あいつが興奮してたのは確かだ。押し合いへし合いして体がぎゅうぎゅう押されるもんだから、刺激されちまったんだ。あそこも堅くなってたと思うな」

私のオフィスにいた時のエド・トレイシーと同じで、ドナルドも一向に話の要点に入ろうとしない。

「あいつはコンベンション・ホールがお気に召したようだぜ。音響効果についてもよく説明しといたよ。あそこはすばらしいホールだ。ローリング・ストーンズのことも話してやった。彼らはトランプの主催で公演するのを喜んでたからな。きみにマイケル・ジャクソンの公演をプラザでやらせたくて、あいつをつかまえたんだ。やつはもう俺の手の内にいる。きみのところで公演をやらせるつもりだ。もう契約書にサインするばかりになっている。一週間のうちには契約をすませるからな。それでどうかね?」

「いいですねえ、ドナルドさん。そりゃあすごい。ぜひやって下さい」

実際に契約料を払うのはプラザである以上、マイケル・ジャクソンとの本格的交渉が行われたはずはない。彼はトランプとの公演契約には結局サインしなかった。

「俺はきみのためによかれと思ってやってるんだ、ジャック。きみにはそうしてやるだけの資格はあるからね。実際きみはよくやってくれてるよ」

一瞬私は彼を信じる気になった。「ドナルドさん、それが実現したらプラザにとっても、アトランティック・シティにとっても、誰にとってもすばらしいじゃないですか」

「そうさな、その通りだ。みんなのためになるんだ。それだからどうしてもこういう処置を取らざるをえなかった。ほら、今回手をつけなきゃならなかった人事のことさ。ここは一つイメージを刷新するために何かやらなきゃと思ってね。いくつかの事業の調整役を果たしてくれる男が必要になったってことだ」

「今度の処置はちょっと急ぎすぎじゃないかと思いますよ、ドナルドさん」

「いや、ジャック、それは違うね。どうしてもこうしなきゃならなかったんだ。こうした方がいいんだよ。長い目で見ればプラスになることだ。だがこうなっても、きみの序列には何も変わりはないからね。きみの直接の上司は俺なんだから、直接俺に報告してくれてかまわない。今までもそうだったし、今後もずっとそうすべきだ。頼んだぞ、ジャック、一番頼りになるのはきみなんだから。俺がどんなにきみを当てにしてるかわかってるだろ。きみのボスは俺なんだ。俺たちの関係は元のまま変わっちゃいないからな」

「でもドナルドさん、おっしゃることが矛盾してるんじゃありませんか？　すべての事業を統括する最高経営責任者を別に任命しておいて、それでいてあなたが依然として私の直接の上司だなんて。私には解せませんね」

「何を言ってんだ。きみはずっと直接俺の下で働くことになるんだ。今度任命した男は別にきみのボスになるってわけじゃない。プラザはこれまで通りのやり方でやっていけばいいんだ」

「ドナルドさん、こういうことになって私はいささか戸惑ってるんですよ。こういうことをするには、今は適当な時機とは思えませんね。それに正直に言わせてもらえば、あなたの選択にはいくつか疑問を感じているんです」

「いや、あの男は適任だよ。あそこには誰かうすのろどもを追い出してくれる人物を据える必要がある。あの男は闘士だからな。俺は闘士が欲しいんだ。実際そういうタイプはあの男しかいないね、そうだろ？」

「いいえ、ドナルドさん、私はそうは思いません。それに私の考えでは――」

だが彼は最後まで聞こうとしなかった。彼には私が何を言いたいのかわかっていたのだ。この話は避けたいという気持ちでいる点では、彼もエド・トレイシーとどっちもどっちだったと言えよう。

「いいかね、もう行かなくてはならないんだ。この話はまた来週することにしよう」そう言って彼は電話を切った。その翌朝ドナルドはマイケル・ジョンソンと連れ立ってインディアナ州に向けて旅立った。

リサは不審そうに私を見上げた。「で、なんの話だったの？」

「仕事の話さ。トレイシーのことだ。彼はトレイシーを選んだんだよ」

「それで、あなたはどうするつもり？」

「どうするかまだ決めていない。よく考えなくちゃ。月曜日にどうなるか様子を見よう。それによって態度を決めることにするよ。今はまだわからない。前から真剣に考えてみなくてはと思っていたんだ」

実のところ、しばらく前から、おそらくあのヘリコプターが墜落して友人たちがヘリと運命をともにしたあの日以来、私の心に兆しはじめていたある考えが、その夜のドナルドとの電話でむくむくと頭をもたげたのである。この半年間というもの、事故の記憶がしだいに薄れていくドナルドを見守ってきたが、その一方では彼の企業帝国が誰の予測をも上回る早さで崩壊する様も、つぶさに見てきたからだった。

16 トランプと訣別した日

トランプに突きつけたある要求

ドナルドは以前何かの話のついでに、「みんなにノーと言われるのは、もううんざりだ」と言っていた。その言外の意味ははっきりしている。彼が決めたことには、それがどんなに不合理で損になることでも、従わねばならないということだ。彼は自分にはもはや破産を防ぐ手だてはないと知って、前途を恐れていた。この先多かれ少なかれ世間の屈辱に耐えねばならないことを覚悟した。金融の破綻が目前に迫っているのを知った彼は、これまでのイメージを壊さないことに汲々としていた。これまで通りの体面を保つことの方を現実よりも大切にした。

だが、厳しい現実はドナルド・トランプに容赦なく迫っていた。五月にはトランプ・キャッスルのおよそ四二〇〇万ドルの利息と抵当債券の元本の支払い期限がくる。その春トランプ・オーガニゼーションが証券取引委員会に提出した報告書から判断しても、先の見通しは暗いように思われた。「この合名会社は一九九〇年には、またおそらく今後数年間は、資金ぐりに必要な額を上回る営業収益を上げることは期待できない……一九九〇年以降必要な資金が得られるかどうかは……今後この会社が意欲的に営業収益を増やせるかどうか、また受け入れられる条件で新たな資金調達ができるかどうかにかかっている」それに加えて、タージ・マハールにはこれとは別口の四七〇〇万ドルの利息の支払いが課せられていた。いささか遅きに失した感はあるが、『フォーブス誌』は「『ドナルド・トランプ』にとって、容赦のない利息の支払いによる資金の涸渇を埋めるだけの収益の着実な伸びはもはや望めない。利息の負担額は事業所からのキャッシュ・フローをほとんど常に上回っている」と述べ、次いで「トランプはあの見事と言うほかはない膨大な資産を自由に処分できるのだろうか？　果たしてまた、その資産を処分すれば、借金を払ってもなお安心できるほど手元に残るのだろうか？」という疑問を呈している。

エド・トレイシーが私の上役になったからには、私とドナルドとの関係もはっきりした雇用契約に基づいて決めてもらうことにした。これまでトランプ・プラザで三年間働いてきたが、こちらから契約の更新を頼んだことは一度もなかった。今回はじめてドナルドにきちんと申し出るつもりだった。ところがドナルドはタージのオープニングのあと一週間ほど病気で休んでいた。彼が病気をしたのは知り合って以来はじめてだ。噂によると、インフルエンザにかかってトランプ・タワーの自宅で数日間床に伏せていたらしい。

だがその週の間にドナルドから電話があって、プラザの業績がよかったことでお祝いを言われた。その週はテーブルでの稼ぎが上々で、ひと儲けしたのだった。「やあ、きみんとこはたいしたもんだ」とドナルドは言った。業界全体としては三月は不振だったが、トランプ・プラザは再びトップの座に返り咲いて、二七〇〇万ドルを超す儲けを手にした。柏木昭男にやられた六〇〇万ドルの痛手からも立ち直り、ゲームの勝率も正常に復して、一六・九パーセントを維持していた。私は契約条件を上げてもらうのにこの機を利用した。「ドナルドさん、契約の更新のことですが」

「ああ、ジャック」

「言っておきますが、あなたがスティーブのあとに誰を座らせようと私に不服はありません。それを決めるのはあなたの役目ですから。だけど私は自分の職務をどのように考えたらいいのかわからなくなってしまったんです。仕事に対してはこれまではいつも私個人の挑戦だと思って、自発的に取り組んできました。心から楽しんでやってきたんです。でももうそろそろこの辺で、仕事は仕事として割り切って考えるようにすべきだし、自分の職分もきちんとわきまえておくべきだと思いましてね。私も一つの商品にほかならないんですから。野球チームで言えば四番バッターといったところでしょうか。たとえ私ががんがんホームランをかっとばしてたくさん得点を稼いだとしても、オーナーの方で交替の時機だと思えば、交替ということになる。だからそちらでいいように決めて下さって結構です。ただし、こっちにはこれまでの業績というものがありますから。私はそれを誇りにしています。それを契約の条件にもち出してもいい時機ではないかと思うんですよ。つまり正式の契約の形にして頂きたいんです」

意外なことに、彼はその場で承知した。「なるほど。で、きみは契約を更新したいって言うんだな？　きみの言う通りにしようじゃないか。ジャック、きみが終身雇用契約を望むのなら、そうしてもいいよ。きみの方で契約書をつくってくれ。契約の条件をきちんと書き出してね」

二〇パーセントの経費削減を

四月も半ばを過ぎた頃、金融の逼迫《ひっぱく》はますます進む一方で、彼はコストをばっさり削減しようと思いついた。手元の現金が手詰まりな折から、この方針も筋の通った長期戦略として採用したのなら、ある程度有効だったかもしれない。だがそうではなかった。アル・グラスゴーは、どのカジノにとっても二〇パーセント程度の削減なら営業上も差し障りがないし、収益にも響かない妥当な線だと考えた。ドナルドにしてみれば、二〇パーセントというのはすっきりしたいい線だと思ったにすぎない。それに彼は、エド・トレイシーが大なたを振るうのをためらうような男ではないことも知っていた。

ドナルドは自分で電話をかけ爆弾宣言を発した。

「きみのとこでも経費を二〇パーセント削減してもらいたい」

「ドナルドさん、またどうしてそんな話になったんですか？　二〇パーセントも減らせだなんて、どういうつもりなんです？　ずいぶん大きな金額じゃないですか？」

「スタッフを何人か減らせばいい」

「わかりませんね。一体どこのスタッフを減らすって言うんです？ ホテルのスタッフのことでしょうか？」

「ああ、ホテルのことだ……それにレストランも。まずはレストランから手をつけたらいい」

「そんなことをして実際に今すぐ効果が上がるとお考えですか？　ドナルドさん、今は四月ですよ。これからシーズンのピークに差しかかろうというのに。今スタッフを減らしたら、サービスの低下は避けられないでしょう」

「いや、いや、そうじゃない。こういう具合にやるんだ、ジャック。レストランで一人のウェイターが六つのテーブルを受けもってるとしたら、三分の一のウェイターを首にする。そしたら一人のウェイターに一〇から二〇のテーブルを持たせることができる。その方がウェイターももっと金が稼げるし、やる気も出るんじゃないか。一挙両得で、こっちも節約できるという寸法だ」

私はあきれてものが言えなかった。ここでもまたドナルドは実際の営業の現場がどんな具合に運営されているか、まったく理解していないことを露呈している。

「ドナルドさん、客の回転の方はどうなるんです？」

「なんだって？」

「ドナルドさん、レストランというのは客の回転をよくしなくちゃならないんですよ……一晩に何組の客をさばくかというのが問題なんです。それには一定の人数のウェイターが必要で、調理場とウェイターとの間の連絡も大切です。それができないと、食事の時間が長引いてしまいます。たとえば三五〇組の客をさばいていたのが、二七五組しかさばけないかもしれません。そんなことになれば、結局収益が上がらないことになるだけです……なかでも一番困るのは、ギャンブルのフロアとレストランとの間の客の流れがスムーズにいかなくなることです」

彼は一瞬黙り込んでいた。「いや、だが人員整理はしなくちゃならんのだよ、ジャック。人件費を減らさなくては駄目だ。経営をもっと合理化する必要がある」

「ドナルドさん、うちではこれまでも合理化を進める方法を探ってきました。でもちょっと考えて見て下さい。具体的にどうしたいと言われるんでしょうか？　航空運賃をカットしろとでも？　それとも公演の方を？　うちではこれらに二億ドルの経費をかけています。その二〇パーセントと言えば四〇〇〇万ドルですよね。これは合理化をすれば浮くという金額ではありません。『オーケー、人員整理をして二〇パーセント経費を減らそう』と言って片づくような問題じゃないんですよ。そんなことをしたら、商売にも何もなりませんよ」

「黙ってやればいいんだ、ジャック。やりさえすればいいんだ。いずれはためになるんだから。俺の言うことを信じたまえ」

穏やかな性格は金儲けに不向きだ

次の月曜日、タージ・マハールの豪華なスイートでは、ドナルドがテレビのライトの中へと歩を進め、ゆったりと椅子に座ったところだった。向かい側に座っているのは彼の友人で、ローカル放送向けテレビのインタビュー番組「ラリー・キング・ライブ」の司会者、ラリー・キングだ。キングがタージ・マハールへと話題を転じてオープンの日のひどい混乱ぶりに話が及ぶと、ドナルドはこう釈明した。「実はこのホテルの経営を任せる人物を選ぶ段になって、他の人の意見を聞いたんだよ。人の意見に従って決めたことなんぞ今まで一度もなかったんだが。その結果は

試しはないな」

思った通りの始末になってねえ」前の社長のウォルト・ヘイバートについては、「うちのホテルをやってた人物はCタイプの性格でね。今までの経験ではCタイプの人間で金儲けをしてくれた

「Cタイプってなんのことです？」

「Cタイプってのは穏やかな性格ってことだよ。ほら、眠ってんだか起きてんだかわかんないような」

「そういうのはBタイプって言うんじゃないですか？」

「そう、Bも穏やかってことだが、Cはそれよりもっと穏やかで、つまりぼうっとしてるのさ」

「あの三人の幹部社員が死んだヘリコプター事故がなかったら、おそらく今度のような事態にはならなかった、そう思われますか？」

「そうさなあ、あの連中は心を許した親友だった。でも商売って点ではあまり影響はなかったと言えるだろうな。というのは今でもうちには最高の人材がそろってるんでね。なかでも一人とびっきりのマネージャーがいるんだ……それにしてもあの事故では命のはかなさを改めて思い知らされたよ」

それから彼はあの一〇月の運命の日に、すんでのことで死を免れたという作り話をまたぞろむし返した。私は聞いていて、ひと月ほど前に『ニューヨーク・マガジン』のインタビューで、事故当日を振り返って同じ話をしていた時に劣らず不快に感じた。

「驚くべき話なんだが、あの三人はすぐそこに座っててね」――彼はそう言ってデスクの前の椅

子を指した。「一緒に行こうかと思ったんだが、なにしろ忙しかったもんで。その点では仕事に感謝しなくてはね。『一緒にきませんか』って言われたんで、もうちょっとで行くって言うところだった。でも『ちょっと忙しいもんでね』って答えたんだ。ほんとに危ないところだったな」

その二日後、私はトランプ・プラザの公用の便箋に手紙をしたため、ハーベイ・フリーマンとエド・トレイシー当てのコピーを同封してドナルドに送った。

NY一〇〇二二、ニューヨーク市　五番街七二五番地
トランプ・オーガニゼーション
社長、ドナルド・J・トランプ殿

拝啓
先週の話し合いの通り、雇用契約書を同封しましたので、ご高覧の上ご検討、ご裁定のほどお願い申しあげます。この契約書を作成するに当たりましては、私のこれまでの業績と共に、将来の見込みと最近の人事異動をも考慮に加えさせて頂きました。

私が現在のこの会社で今後も気持ちよく働かせて頂くために、入社以来はじめてこのような契約書が必要になったことはまことに遺憾に存じますが、ご承知の通りこの半年の間に大きな変化があったことでもあり、何とぞご了承下さい。

なおこの件に関して何かご質問がございましたら、いつでもお気軽に直接私にご連絡下さい。

もしくは、その方がよいとお考えの節は、貴下の弁護士から私の弁護士宛にご連絡下さっても結構です。弁護士の氏名と電話番号を同封しておきました。

敬具

最高経営責任者
社長
ジャック・オドンネル

「ジャック」とサインした。

エド宛のコピーを送ったことだけはドナルドの気に障ったようだった。「これは俺ときみとの問題だ。俺がいくら払おうがみんなの知ったことじゃない。俺たち二人だけの問題だからな」

私はそれに同意した。それでも彼はしつこく今後の二人の交渉については誰にも漏らさないことを誓わせた。私は誓った。

「よろしい。ではこれを正式の書類に作成すればいい。そしたら、いいともジャック、それにサインするよ。ただしこの件には俺以外は誰もかかわらせたくないんだ」

「いいですとも、ドナルドさん。その点については何も不服はありません」

この契約書は今後三年間の給与を定めたもので、健康保険料と諸手当を除いた給与は、一年目は四五万ドル――現在のサラリーよりおよそ一九万ドルアップ――、二年目は五五万ドル、三年目は六〇万ドルで、それにプロの運動選手並みに一〇万ドルの契約金がついている。私はドナルドに容赦なく値切られるのがわかっていたので、わざとうんと高く設定しておいたのだ。一九八九年のボーナスの時にばっさり値切られたのを覚えていたので、ボーナスの方も強引に減らされるのを見込んで、少なくとも年に一五万ドルのボーナスを保証する、という一項も付記しておいた。

事業内容にもうとかったトランプ

次の週のはじめにニューヨークのドナルドから電話があった。「大体これで問題ないと思うんだが、ただ一つだけ、サラリーのことなんだがね。これはちょっとばかし高いんじゃないか、ジャック？　もう少し低くすべきだと思うんだが」

「では、その点を話し合ってもいいですよ」

彼は急いで言い添えた。「何もそんなに低くしろって言うわけじゃないが、交渉の余地があると思うんでね」

「そう思われるんでしたら、ドナルドさん、話し合うことに異存はありません」

「そんなにひどい食い違いはないと思うよ。ちょっと高いかなって思うだけだから」

「わかりました。結構です。交渉に応じましょう」

彼は、四月二七日金曜日の飛行機でこっちにくるので、その午後早い時間にタージ・マハールで会うことにしようと言った。私は承知して「二時ではいかがですか？」とたずねた。

「ああ、いいとも。二時にしよう」

ところがドナルドにとっては、これは単に交渉がはじまったというだけの意味しかなかったようだ。彼は翌日また電話をしてきて、経費の削減を言い立てて金切り声で喚いた。「トレイシーによく言っといたのに、なぜきちんとした処置ができないんだ？　俺は経費を減らせって言ったはずだ、ジャック。あんなろくでもない案じゃどうしようもない。首切りをしろ……スタッフの首を切るんだ」

「ドナルドさん、どうしたんです？　いったい何が起きたんですか？」

「どうしたんだか話してやろうじゃないか。今まで俺がどんな目に遭わされてたかわかるかね？『タイムズ』の記者と電話をしてたんだよ、ジャック。プラザの連中はいったい何をやっとるんだ？　俺が知りたいのはそこなんだよ」

「いったいなんの話です？」

その記者は『ニューヨーク・タイムズ』の経済記者、ダイアナ・B・ヘンリックスで、すでに二月にドナルドのカジノの債券は危険な不良債券だという報道をしていたが、今度はアトランティック・シティでの営業状況の徹底的調査にとりかかっていた。ヘンリックスがドナルドを問い詰めたのは、トランプ・プラザの「受け取り勘定の穴埋め用準備金」のことに違いない。これは「回収の危うい勘定のための準備金」とも呼ばれ――素人にもわかりやすい言葉で言えば、回収できなかったマーカーのことだ。この損金は不良債務として、カジノが証券取引委員会に提出する年間会計報告の項目に記載される。「１０Ｋ」と呼ばれるこの報告書はマーケットで債券を売り出すための条件として、法律により提出を義務づけられていた。

一九八九年にはトランプ・プラザは回収不能のマーカーの代金として三八〇万ドルを計上した。この額はトランプ・キャッスルより五二パーセント多い。キャッスルでは二五〇万ドル計上していた。プラザでは大勢の外国人ハイローラーを含めて、賭け金の大きいギャンブラーが多く集まるので、いつも不良マーカーの準備金もそれだけ多額に計上することになる。ヘンリックスはキャッスルにくらべてプラザでは収益の割に、不良債務の準備金が多い理由を知りたがったのだ。ドナルドは彼女の質問に答えられなかった。そこで私を詰問したというわけだ。「プラザの不良債務の割合はどうなってるんだ？」

「それがどうかしたんですか？」

「市内で一番高いじゃないか」

「何を言われるんですか」私は思わず抗議した。ドナルドがどこからそんなふうに思い込んだのか不思議だった。カジノの収入にくらべても、ゲームの儲け金の割にも、トランプ・プラザの不良債務の割合は市内最高ではない。一パーセントを少々上回る程度で、プラザより高いカジノはほかにも三軒あった。キャッスルとくらべてもほんのわずか——正確に言うと〇・三パーセント——高いだけだ。

だがドナルドは腹立たしげに言いつのった。「俺が言ってるのは、お前んとこの連中はそれだけの準備金を取りはぐれたってことさ！」

「うちでは何もそれだけの蓄えをただでなくしたってわけじゃありませんよ、ドナルドさん。クレジット（信用貸しの賭けの手元金）が多ければ、それだけ不良債務も多くなるのは当然です、そうでしょう？　そこのところを彼女に説明してくれたんですか？」

「ジャック、あれは油断のならない娘だからな。あんな利口な雌狐に出食わしたのははじめてだよ」

「おやおや、なんてことを、彼女は優秀な記者ですよ、ドナルドさん。去年の必要経費についてよく説明しといてくれたでしょうね？　うちへくる外国人客の割合についても？　みんなきちんと説明のつくことですからね」

「いや、しなかったよ」

「それじゃあ、お願いですから、私のところに電話をくれるように彼女に伝えといてください」

「ああ、いいよ、そうする」そう答えておきながら、伝えた様子はなかった。そればかりか二日後にはまた電話をしてきた。ヘンリックスは「ＯＫ」で武装していて、彼には撃退できなかったらしい。彼は再び質問攻めにされた。ドナルドが電話でながながとしゃべりまくったところから察すると、彼女が一番知りたがったのは、一九八九年には総収入の増加にもかかわらず経費を差し引いたあとのプラザの営業収益が前年より減っているのはなぜなのか、という点だった。一九八九年の総収入は八〇〇〇万ドルも増えているのに、営業収益の方は七一〇〇万ドルから六〇〇〇万ドルに減っている。ドナルドにはその理由が皆目わからなかったようだ。

　だがそれにはいくつか理由があった。その主な原因はこの年には接待費──得意客への飲食物や宿泊費のサービス──が七〇〇万ドルも増えたためだ。これは、売り上げ競争でシーザーズをぜがひでも負かしたいというドナルドの強迫観念の現れであり、それが一九八九年の営業コストの増加につながったのだ。もう一つの重要な要因は「ホールド率」で、これはゲームに賭けられたすべての現金とマーカーのうち、客に勝ったカジノ側の取り分のことで、前年の一九八八年には単にカジノ側がラッキーだったというにすぎない。これは誰にもどうしようもないことだ。

「この委員会って代物はなんて厄介千万なんだ」ドナルドはぶつくさ言った。

電話口での激しい罵り合い

四月二七日金曜日、晴れて暖かく、とっておきの春の日だ。ジョギングにはもってこいの朝なので、広々とした青空の下輝かしい日の光を浴びて八マイルを走り抜いた。シャワーを浴び身支度を整え、トランプ・プラザに向け車を駆った。気分は爽快、元気一杯で、今後の雇用契約の条件をドナルドと交渉しようと張り切っていた。午前九時、プラザに着く。

三〇分もしないうちに、ドナルドがトランプ・タワーから電話をしてきた。「ジャック、二時に会うことになってるが、いいかね？」彼の声は不安そうで、幾分いらいらしているように聞こえたが、それ以上彼の気分を推しはかることはできなかった。「ようし、これは二人の問題だから、今日のうちに決着をつけよう。あの契約書に最終的な修正をちょっと加えれば、それでうまくいくさ。この件はこれで終わりってことにしようじゃないか」

「ええ、そんなに大きな意見の違いはないと思いますよ」

「ああ、俺もそんなにひどい違いじゃないと思ってる。きっと簡単にすむさ」

彼は今度もまたダイアナ・ヘンリックスの話をもち出したが、その後もう一度彼女に会って話をしたが、あまり愉快な会話ではなかったと言っただけだった。彼女にこっちに電話をさせるように改めて念を押した。彼としてもそれには異存はなく、そうしようと言っていた。

受話器をおいていくらも経たないうちに、エド・トレイシーから電話があった。彼はうろたえていた。今ドナルドから電話があって、「恐ろしい見幕」で経費の一件で彼をこっぴどく叱りつけたという。

これはちょっと意外だった。「そいつは変だなあ。ぼくも今さっき彼と話をしたばかりなんだ。少しはかりかりしてたかもしれないが、そんなに機嫌は悪くなかったぞ。実は、今日の午後彼と会うことになってるんだ。彼の方でまだその気があるならね」

「やあ、そうなのか、それはありがたい。たぶん彼は会う気だと思うよ」ドナルドは、私に対して精一杯気を遣ったものだから、その腹いせにエドの方に八つ当たりをしたに違いない。

それからまもなくドナルドがまた電話をかけてきた。アエロスパシアル・スーパー・ピューマのエンジンの唸りが背後に聞こえた。彼は軍用スタイルのスマートなヘリコプターで空路こっちに向かっているところだった。彼の所有物の例にもれず、その黒い機体にもトランプの名前が黄色い字ででかでかと描いてあった。ヘリはタージ・マハールの表にあるトランプ栈橋の発着場を目指していた。ここは以前は古いスティール栈橋があったところだ。トランプ・エア・シャトルの営業用ヘリコプターもここから発着して――マンハッタンとアトランティック・シティの間を四八分間で飛ぶ――、タージにくるギャンブラーの輸送に当たっている。

ドナルドの機嫌は一時間前とはがらりと変わっていた。トレイシーが言った通り、かんかんに怒っている。彼はエンジンの音に負けずに大声で怒鳴った。「今からそっちに行くところだ……言っておくが、俺たちの間にはいろいろむずかしい問題がある。プラザが実際にひどい問題をかかえてる時に、お前ときたらくだらない金のことですったもんだ言い出すんだからな。俺は経費を減らせって言ったのに、お前がぐずぐず言うもんでずいぶんいやな思いをさせられた。俺の命令にお前は従わなかった。ジャック、何かをしろと言われたら、黙ってやればいいんだ……それにまた一番けしからんのは、俺をひどくとっちめたあのいまいましい『タイムズ』の記者だよ」

私は努めて穏やかに答えようとした。「ドナルドさん、お困りなら私に電話するように彼女に言って下されば、私から事情をきちんと説明しますから」

「お前さんが？　こんなことになったのももとはと言えばお前のせいじゃないか、まったくもう！　ローリング・ストーンズとのあのしょうもない取引に俺を巻き込んだのはお前なんだからな。俺の頭もよっぽどどうかしてたに違いない」

「二人でなんとかこの場を切り抜けなくては。これまでも何度もこういう事態を切り抜けてきましたよね」

「ああ、そうさな、馬鹿な目を見たのは俺の方さ。お前のせいで大金をなくしたんだからな」

「なんですって？　私は交渉のやり直しに当たっただけじゃありませんか、ドナルドさん」

「でも、俺だってぜんぜん手出しはしなかったぞ」

「ドナルドさん、それは違いますよ。あなただってずいぶんかかわりがあったじゃありませんか」

「俺はこの件には指一本触れてはいないぞ！」

「私だってまったく関係ありませんからね」

「お前が無関係だって言うなら、いったい誰がやったんだ？」

そう言われて、私にもこの話の行き着く先が見えてきた。

「ドナルドさん、ねえ、この話はもうこの辺でやめにしときましょうよ」

「へえ、そうかい？　俺はちゃんと話してほしいね」

「あの話のまとめ役は誰なのか、交渉の下ごしらえをしたのは誰なのかはわかってますよね。私としてはそれ以上言いたくはないんですよ」

「言いたまえ！」彼は大声で怒鳴った。

「ドナルドさん、あの交渉の下話をまとめたのはあなたとマークでした……これでご満足ですか？」

「その通りだ。あのみじめったらしい取引に当たったのはマークだ」

これには私も腹にすえかねた。「まずい結果に終わったあの件で、交渉に当たったのがマークだと聞いて満足だって言うんですか？　私が友人の悪口を言うのを聞いてうれしいっていうんですか？」

「なんだと？　マークは自分のしてることがわからなかったって言うのか？　そうさ、その通りだ。彼には交渉の腕はなかったよ、うんとこさ金を遣いやがって」

「待って下さい、ドナルドさん！」今度は私の方が大声で叫んだ。「あの件にはあなただって首を突っ込んでたじゃないですか……それに私の友人のことを悪く言われるのはもうたくさんだ。あの人たちに対するあなたのそういう態度にはうんざりして吐き気がする……」

「お前がうんざりしてるだと！　それを言うなら、お前んとこのひどい業績にはそれこそこっちもうんざりだ、あんな数字を見せられては胸がむかつくね……そのうえお前ときたらこれはできない、あれも駄目だって文句ばかり言いやがる……お前に『ノー』って言われるのはもううんざりだ！」

「人のことより、自分のことを罵ったらいいだろ！」そう叫んで、がちゃんと電話を切った。エンジンの唸りが消え、不意にあたりがしーんとなる。

私は机の前を離れようとして思い直して足を止め、それからまた歩き出した。そのあとのことは、逆上のあまり何も考えずにただオフィスの中を行きつ戻りつしていたことしか覚えていない。しばらくしてようやく、自分がするべきことに気づいた。「ジョーレン、ここにきてくれないか！」

ジョーレンは心配そうな顔をして入ってきた。私が電話で怒鳴っているのが聞こえたのだ。

「私はここを出ていく。もうおしまいだ。便箋を取ってきて、これから言う手紙をタイプしてくれ」

ジョーレンは一瞬私の顔をまじまじと見つめた。私も彼女と視線を合わせて言った。「さあ、この手紙を書けば、私のしたことがわかるよ。これは辞表なんだ」

彼女はきっぱりと頷いた。「そうだと思いました」

予告はしないでおこう。ドナルドのボディガードの手でボディチェックを受けて、ビルの外まで送り出されるのはご免だ。なんと書くべきか数分間適当な言葉を探したが、見つからないままに口述をはじめた。

拝啓

私は今直ちにトランプ・プラザ・ホテル&カジノの社長並びに最高経営責任者の職を辞任いたします。

ジャック

終わってジョーレンの方を振り向いた。「さて、どうしたものかな?」

「出ていくだけですわ。何もかも終わったんですから。あとは出ていくだけでしょう」

私は机の一番上の引き出しを掻き回したが、何ももち出さないことにした。タージ・マハールに渡した、トランプ・プラザの選り抜きの得意客リストを本にはさんでおいたのを思い出した。本の頁をめくってジョーレンに渡し、プラザの弁護士のロジャー・クローズに渡すよう指示した。それから手紙とそのコピーにサインをし、無記名の封筒に入れてジョーレンに渡した。「これをドナルドに届けてくれ。ヘリコプターが着陸するのを待っているんだ。こっちはトレイシーに渡してくれ」

ジョーレンが出ていったあと、私は一人で机の前に座っていた。スーパー・ピューマはもう今にも着陸するだろう。手帳をブリーフ・ケースに滑り込ませると、カジノのフロアに降りる裏手の階段の方へ歩き出した。私ははじめてここにきた時と同じようにカジノのホールを通って、トランプ・プラザを出ていった。

静かな気分が戻ってきた

ジョーレンがトランプ・プラザの自分の席に戻って一五分もしないうちに、ドナルドから電話があった。「なんでジャックはこんなことをしたんだ？　俺のせいか？」

私は正午ちかくに車の中からリサに電話をして今帰る途中だと告げたが、意外にも彼女は少しも驚かなかった。かえって安心した様子だった。家に帰ったあとしばらく二人で静かに座っていた。リサはスティーブの未亡人のドナ・ハイドを電話で呼んでいた。ドナはすでに家を出てこっちに向かっていた。その午後にはトランプ・プラザの重役たちから大勢電話をもらった。だがなかでも一番心に残ったのは、ドナルドの秘書のノーマ・フォーデラーからの電話だった。「ジャック、どうかこれは嘘だと言って下さいな」

私はやむなく本当だと答えた。

「そんなひどいことを。ドナルドのもとには有能な人はもうあなたしかいないのに。でもきっとすぐに、あなたの良さを認めてくれる人のところで働けるようになるわよ。だってドナルドが認めてなかったのは確かだもの。幸運を祈ってるわ」

昼過ぎにドナがやってくると、三人で裏のポーチに出た。だが、あんまり気持ちのよい天気だったので、ポーチの階段に腰を下ろした。三人はスティーブの話や昔の思い出話に時を過ごした。太陽は空高く輝き、一〇マイル彼方の海からの微風がそよそよと吹いている。風はプールに向かってなだらかな坂になった庭の斜面に沿ってそっと吹き上げ、萌え出したばかりの草の葉先をそよがせた。プールの向こうの庭は灌木林のところまでゆるやかに下っている。一本の高い松の木の周りには、ひょろひょろした楓の若木が数本植えてある。まだこの春植えたばかりで苗木も同然だ。こうしてここに座っていると、この庭がこんなに静かで気持ちのよい場所だったことに、そしてまたこの数年間というものは仕事に追われて、わが家の裏庭で過ごす時間がめったになかったことにも、今さらのように気づかされた。

この先その楽しみをゆっくり味わう間もなく、すっかり失うことになってもいいものだろうか？　だがすぐにそれでもかまわないと思った。どっちみち私はスティーブ・ハイドみたいに庭仕事は得意ではない。ハイドにとっては園芸はお気に入りの趣味だった。彼の葬儀の日に誰かがそのことに触れて、「あそこのガレージにはゆうに数年分の種がしまってありますよ」と言っていたくらいだ。

私はそのことをゆっくり考えてみた。そして私だって種はたっぷり仕入れてあるのを悟った。

エピローグ

ドナルドの金融手腕の勝利とみなされていたタージ・マハールは、一転して流砂の穴と化し、陥没するまで際限なくドルを吸い込んだ。

営業を開始した最初の月である一九九〇年四月には、タージはアトランティック・シティ随一の売り上げを記録し、カジノの収益は三四四〇万ドルに達した。だがタージは、ドナルドやグラスゴーが断言したようなマーケットの拡大は果たせなかった。単に同業者のマーケットを食い荒らしたにすぎない。業界全体の四月の売り上げは一二〇〇万ドル増えて、五パーセントの伸びを示した。タージがオープンしたことで客の収容能力が二〇パーセント上がったことを考慮に入れると、タージはほかのカジノから儲けを奪ったことになる。他の八軒のカジノの四月の総売り上げは一九〇〇万ドル減り、平均で一〇パーセントの減少率となった。ドナルドが絶対にそんなことにはならないと誓った事態が現実となったわけだ。なかでも最大の痛手をこうむったのは彼自身が所有するカジノだった。トランプ・プラザの売り上げは市内のトップから八位に転落した——これは二三パーセントの下落で市内で最悪の下げ率を示した。またトランプ・キャッスルは一一・四パーセント下がって、六位から九位に落ちた。

トランプ・プラザは五月には挽回したが、その裏にはそうなるだけの筋書きがあった。柏木昭男が舞い戻ってきて、バカラで一〇〇〇万ドル負け、私とアーニー・チュンの努力が報われたのだ。その時分には私はすでにプラザを去っていたが、これで私の主張が立証され、汚名がそそがれたと思った。柏木は二度目にやってきた時は、丸四日間滞在してゲームを続けた。その結果私がきっとそうなると確信していた通り、トランプ・プラザは二月に失った六〇〇万ドルを取り返したばかりか、その上四〇〇万ドルも勝ち越した。だがドナルドは賭けの成り行きを気に病んで、柏木がプレーをしている間中ずっとエド・トレイシーやアル・グラスゴーと一緒にバカラの賭場を歩き回っていたそうだ。ついに一〇〇〇万ドル勝ち越した時、この日本の不動産王にはまだクレジットの手元金が二〇〇万ドルも残っていたのに、ドナルドはゲームを差し止めてしまった。柏木は憤然としてカジノを出ていった。ドナルドはシーザーズでは柏木にプレーをさせないと断言していたが、そのシーザーズが真っ白なリムジンを迎えに寄こして、トランプ・プラザの入り口で彼を拾いあげ、自分のカジノに連れ去った。

タージ・マハールの売り上げは一九九〇年には三億五〇〇〇万ドルにのぼった。たった九か月しか営業していないにしては堂々たる業績と言えよう。だが、黒字に転じるには月々三九〇〇万ドルの売り上げが必要で、それにはなお月平均五〇〇万ドル不足だった。

その年の業界全体の総売り上げは二九億五〇〇〇万ドルで、一九八九年より五・七パーセント増えた。だが九軒のカジノの売り上げは前年を下回った。タージだけを例外として、市内のカジノは軒並みそのあおりを受け、五・二パーセントの減少となった。なかでも一番影響が大きかったのはトランプ・キャッスルで、カジノの収益は一一・七パーセント減少した。トランプ・プラザは強力な現金の稼ぎ手としてトランプ帝国にエネルギーを補給する役割を果たし、一九八九年には市内最高の三億六〇〇〇万ドルの収益をあげたが、この年には八・八パーセント急落して二億七九〇〇〇万ドルにまで落ち込んだ。

キャッスルの債券の利息の支払いと元金の払い戻しの期日である六月一五日がきて、ドナルドがその支払いに当てる四三〇〇万ドルの工面に失敗した後、いくつかの銀行が救済に乗り出した。債券所有者に法律上トランプ社からカジノの経営権を奪う権利を付与することにより、ドナルドの借金の山をくずそうと図った。

その夏数週間かけて、ドナルドの顧問や多くの銀行の代理人が集まって協議が行われた。誰もみな、ドナルドの運勢が上向いていた時分に貸しつけた一九億ドルをなんとか回収しようと躍起になっていた。この協議の結果は一〇〇〇頁にのぼる文書にまとめられ、六五〇〇万ドルの緊急融資と大半の銀行に対する利息の支払いの繰り延べが決定された。この処置によりドナルドは、キャッスルの債券所有者への支払いが可能になるとともに、ホテル、カジノ、マンション、航空会社などを売りに出す時間的余裕が与えられた。その代償としてドナルドは銀行に対して三つのカジノを抵当に入れた。また、定期的に会計監査を受けることを約束し、最高経営責任者と財務担当重役を更迭して、揺らいでいるトランプ帝国の経営を再建することに同意した。

この緊急融資の結果、プラザ・ホテル、トランプ・プリンセス号、自家用ジェット機など莫大な金を食う元凶の一部を処分して、財政状態の立て直しを図る時間的余裕が得られたという点で、前途に希望がもてるようになった。当時銀行が命じた会計監査によると、ドナルドの負債総額は三二億ドルにのぼり、これに対して彼の資産は、今直ちにそのすべてを売却したとしても、なお二億九〇〇〇万ドルの赤字になるという結果がはじき出された。だが、少なくとも今しばらくの間はドナルドは依然としてすべてを所有していた。

このややこしい調停案のインクが乾くか乾かぬうちにトランプの役員会は、一一月の支払い期日にタージ・マハールの六億七五〇〇万ドルの第一抵当債券に対する四七〇〇万ドルの利息の支払いが不可能になったと発表した。

その年の暮れちかくになって、タージ・マハールは莫大な欠損を報告した。債券の利息の支払いは問題外となり、債券所有者はトランプに対して倒産による差し押さえの「前渡し」としてタージの株の半分を手放すことを要求した。この交渉は一一月に妥結し、ドナルドは利息の利率を引き下げ、その一部を新しい手形で支払うことが認められた。同時に債券の満期は一九九八年から二〇〇〇年に延長された。またドナルドは手放した株を特定の好条件で買い戻すことができること、ただし、今後タージが債券所有者の期待に応えるだけの業績があげられない場合は、タージの経営権をすべて放棄することが定められた。

各方面の報道によれば、一二月一七日、ドナルドの八五才の父親、フレッド・トランプの弁護士がトランプ・キャッスルのカジノの金庫室の検査を正式に委任されてキャッスルを訪れ、五〇〇〇ドルの闇のチップを三三五万ドルで買い取り、そのチップをかばんに詰め込んでもち帰ったという。翌日フレッド・トランプはカジノにさらに一五万ドル送金して、ゲームには一度も使われなかったチップを買い取った。誰もが驚いたことに、その同じ日にドナルドはその日が支払い期限だったトランプ・キャッスルの債券の利息、一八四〇万ドルを支払うと発表した。州の賭博局の新しい局長となったジョン・スウィニーは、この一連の二つの措置は実質的には無利子の融資に等しいと判断し、融資にはカジノの融資者全員の賛成が必要だとする州の条例と、夏に行われた銀行の強力な救済措置の条件との双方に違反している恐れがあるので調査をする、と約束した。

一方イバーナ・トランプは一二月一一日に、「残酷で非人道的な扱い」を理由にマンハッタンのニューヨーク州法廷で正式に離婚が認められた。目下イバーナと係争中の二五〇〇万ドルの慰謝料のほか、資産の分与を決定する裁判所の裁定の日取りは一九九一年四月一一日に決まった。彼女は夫の全資産――おそらく何も残らないだろう――の半分を要求している。

その当時の噂では、彼女はまだ書いてもいない二冊の「小説」の出版契約を三〇〇〇万ドルで結んだという話だった。そのうちの一冊はおそらく、いささかその権威を失墜した「取引の達人」との隠された私生活を詳しく綴った自伝にする約束だと思われる。

その後、リンウッド・スミスは一二月一九日の『ニューヨーク・デイリー・ニュース』に私が本を出すという話を紹介した。アトランティック・シティにおけるドナルドのごく近しい人物から聞いた話では、その後数日間というもの彼は荒れ狂っていたそうだ。ドナルドは一二月二三日の『ニューヨーク・ポスト』で応酬し、私のことを「不満分子の元従業員」呼ばわりした。この記事は私には別段意外ではなかった。だが同時に掲載された、ドナルドの秘書のノーマ・フォーデラーの発言は意外だった。彼女のボスが所有する唯一の黒字会社の経営に私が当たっていた三年間について語り、その間私が「一度もトランプ・オーガニゼーションの主流にはなれなかった」というおかしな発言をしている。これが、私が辞任した日に電話をかけてきて、私のことをドナルドのもとに残った「有能な人物の最後の一人」だと言った女性の言葉なのだからあきれてしまう。ドナルドのもとであまり長く働いていると、誰でもその影響を免れないらしい。

ドナルドは水面下でも動いていた。一二月一九日の朝私は、リビス・グラハム・バードン&カーティンのアトランティック・シティ商会に対してトランプ・カジノの代理人を務めているジョセフ・ファスコの訪問を受けた。彼はマーブ・グリフィンのリゾーツ・カジノ・ホテルにある私のオフィスを訪れた。私はそこに専務兼営業担当重役として採用されたのだった。

彼は話を切り出した。「ジャック、私がここにきた理由は三つあるんだがね。第一は、つまりそのう、昔の友人に対する『きみのやり口』だ」

「俺は何もやましいことはしてないよ、ジョー」

「二番目に言っておきたいのは、連邦捜査官がXの調査にとりかかっているってことだ」彼は私がトランプ・プラザで知り合ったあるギャンブラーの名前を挙げた。

ジョーは言葉を継いだ。「なにしろ捜査局ではあの男についてはかなりご執心のようだからな」

「そうかい？　で、なんだってこの俺にそのことをわざわざ教えてくれるのかな？」

ジョーはそれには答えずに先を続けた。「それと三つ目の理由はきみの本だ……ドナルドはこの件では頭にきてるってことを覚えといてもらいたい。彼は本の内容については何も知らないが、最悪の場合を考えているようだ。彼は報復に出る気だぞ。それも気のすむまで存分にやっつける気だ。そんなわけで私は彼の依頼を受けてやってきたんだ。彼は本が出版されないことを望んでいる。きみがこのまま事を進めようとしたら、きみの信用を落とす手段を手当たり次第探すだろうね……つまりそのう、彼はきみがプラザの幹部社員の一人と情事をもったと言うんだな——その情報をすでに握っているそうだ——それでそいつを世間に公表するつもりなのさ。それときみがXとのいかがわしい取引に関係してたことも暴露するつもりでいる」以前トランプ・プラザの客だった例の男の名前をまた口にした。

「これはちょっとまずい材料なんじゃないか、ジャック。どんなことになるのか一つ警告しといてやろうと思ってやってきたのさ」

私は猛烈に腹が立った。どちらの言いがかりも真っ赤な嘘だからというだけではない。ドナルドがよりによって、私が以前トランプ・オーガニゼーションにいた頃に一緒に働いていた弁護士を送りつけ、私のオフィスにずかずかと踏み込んでこんなふうに脅しをかけさせたということが、腹にすえかねたのだ。

私は脅迫されたことを州当局に報告し、本の中にもその事実をはっきり書くことにする、とジョーに告げた。彼はみるみる顔を紅潮させ、そんなことはしないでくれと懇願した。

「せいぜい当てにしていることだな、ジョー」私はそう言い捨てた。

その日あとになって、ドナルドの弁護士のニック・リビスが電話をしてきた。「ジャック、きみのためを思って言うんだがね。本を書いて真相を公表し、ドナルドをこけにするのはいいさ」

だがそのあと続けて、ジョー・ファスコの名前は出さないように頼んできた。

「ジャック、彼はドナルドの言うがままに動いてるだけなんだよ。俺からも人身攻撃というか、……そういった類いのことはしないようにドナルドに頼んだんだが、ジャック、きみも知っての通りドナルドって男は人の言うことなんか聞かないからな。俺には止められないんだよ」

一二月二一日、私は州都のトレントンにでかけて賭博局の局長のジョン・スウィニーに面会し、ファスコを介してドナルドから脅迫された事実をはっきり申し立てた。だが賭博局の話では、ジョー・ファスコとのやりとりについてのファスコとリビス側の言い分は、私の説明とは明らかに違っているようなので、どちらが正しいか決めかねるということだった。また局員の一人は、賭博局にはこの件についての裁判権があるとは思えないという返事だった。

その後二週間ほどして肝をつぶすような電話があった。こともあろうにエド・トレイシーからだ。

「ジャック、俺たちの間にはなんの貸し借りもないよな。エドとジャックという対等な個人同士の話として聞いてほしいんだが……あいつらがきみにしていることを、万一俺がされたらただじゃおかないね」

「いったいなんのことだい、エド？」

「あいつらはきみに尾行をつけて、きみの過去をほじくってるのさ。しかもそれだけじゃないんだ。それがどうにも不愉快でねえ、俺はこれにはまったく関係ないってことを知らせておきたいと思って。誰にだってできないことがあるよな、あいつらは俺の手には負えないんだよ」

彼はつけ加えて言った。「トランプ・ランドじゃあ実際もう何もかも目茶苦茶になってる。明日のことさえ予想がつかないありさまだよ」

私はすぐさま弁護士に電話をした。彼はニック・リビスに電話で苦情を申し入れた。ニックは申し立てのような事実はないと否認した。そして私にドナルドと直接会ってみてはと提案した。一応考えてはみるが、そのような会談にうかうか出ていって罠にはまるのはごめんだから、会談のテーマを決めてくれと言っておいた。だがその件についてはそれっきりドナルドからはなんの音沙汰もなかった。

だが、エド・トレイシーやニック・リビスをはじめトランプ・プラザにいた頃知り合った人たちの関心を惹くような変化が起きかけていた。去る六月にウォルト・ヘイバートのあとを継いでタージの社長になっていたバッキー・ハワードが、今度はドナルドの友人のジャック・デイビスに取って代わられたのだ。彼はかつてリゾーツ・インターナショナルの社長をしていたが、マーブ・グリフィンに会社を乗っ取られた時に首にされていた。

一九九一年の年明けには、「アトランティック・シティの大虐殺」が断行された。ドナルドはまたもやカジノの役員の中から好ましくない人物を一掃したのだ。

クラリッジ・ホテル&カジノの社長のロジャー・ワグナーがトランプ・キャッスルの社長に任命された。エド・トレイシーの推薦でキャッスルの社長に任命されていたアンソニー・キャランダはマーケティング部門に降格された。

トランプ・プラザでは、私に代わって社長になっていたゲイリー・セレスナーが同じく格下げされた。新しい社長には、ラスベガスのスティーブ・ウインのもとでミラージュの役員をしていたケビン・デ・サンクティスが任命された。

最も劇的な人事異動は、エド・トレイシーがタージ・マハールのトップの座に――ある新聞の報道で使われた言葉を借りれば――「戻された」ことだ。ジャック・デイビスは常務に格下げされた。タージの社長の命脈は長続きしないと予言したマーク・エテスの冗談は、誰も予想しなかったほど早く実証されたことになる。トレイシーは一六か月の間タージ・マハールの五代目社長を務めたが、わずか一〇か月前にタージがオープンしてからそれまでに四人の社長が交代していた。

トランプが所有するアトランティック・シティ内のすべての事業所を統括するトップの座にはニック・リビスが座った。

その頃の話だが、ある日リゾーツの私のオフィスに人騒がせな匿名の手紙が届いた。それはトランプ・キャッスルの便箋に手書きでしたためてあった。

「背後に気をつけろ！」と警告している。

「ドナルド・トランプは、きみが本にどんなことを書くつもりなのかを正確に知ろうとして死物狂いに［原文の通り］なっている……M・Mとの情事について当初彼が考えていたよりも詳しい情報を、イバーナ・トランプに知られるのではと思って頭にきているんだ。きみも知っての通り、一九八七年一二月［原文の通り］以前からM・Mと関係があったことがばれて、離婚協定が無効になってしまうのを恐れている……イバーナ・トランプとの裁定が行われる四月一一日以前には、出版前の抜き刷りすら絶対に仕上がらないように、『トランプ一流の策』を弄して妨害する気だ……。

ジャック、気をつけたまえ……ドナルドならきみのオフィスや自宅に侵入することもやりかねない。彼がその手を考えている可能性は充分あると思う。

幸運を祈る。立派な本ができるのを楽しみにしている」

一九九〇年夏の終わりに呼び出しを受けて、私はペントハウスの敷地の問題に関してドナルドに対するプラット・ホテルのアンチ・トラスト訴訟で証言をしたことがある。

私は知っている通りの事実を述べた。だがドナルドの弁護士は、私が彼の申し立てに有利な証言をした、と報告したらしい。その後まもなくドナルドからリゾーツにいる私に電話があって、お礼を言われた。

「私は事実を述べただけですよ、ドナルドさん」

「ああ、だがきみにはそうする義務はなかった。きみのような立場に立たされたら、あそこであいう態度を取らない連中は大勢いるさ」

「でも、私はそういう連中とは違いますからね」

それから彼はこうつけ加えた。「俺がきみのことを友人だと思っていることを忘れないでくれ」

そんな怪しげな名誉を与えられて、私は返事に窮した。早く話を切り上げたいばかりに、私はありがとうと言って電話を切った。もちろんその頃彼は私の本のことはまだ知らなかったし、私も黙っていた。知らないままにしておいた方がいいだろう。ドナルドにとって友人は一人でも多いに越したことはない。

訳者あとがき

何者かに惨殺された柏木氏

本書に登場する柏木昭男氏とはどんな男だったのだろうか。

写真週刊誌『フォーカス』が1992年に詳細に報道したが、それによると以下のような人物だったらしい。

「豪州では二九億円の勝ち、アメリカでは一五億円の負け——不動産会社社長・柏木昭男さん(五四歳)が賭博で大勝大敗し、一躍有名になったのは一昨年。その柏木さんが、河口湖畔に立つご自慢の『柏木御殿』で惨殺されたのは今年(一九九二年)正月三日」

彼は風邪気味で自宅にいたところを、何者かに日本刀らしい凶器で滅多切りされたという。そしてその犯人はいまだにわかっていない。容疑者として捕まった人物は、物証がなく公判維持がむずかしいとの判断で、釈放されている。

柏木氏がマフィアに殺されたという見方がある。ミエ子未亡人の言葉を同誌はこう伝えている。

「昨年はじめに河口湖の自宅に、パリからマフィアが博打の借金取立てにやって来たんです。
――去年の二月だったでしょうか。主人が帝国ホテルに呼び出され、ずいぶんと脅された。東京から戻って来るなり、〝離婚しよう。（偽装の）離婚をして、おれの財産をお前に慰謝料として移そう。俺は不渡りを出して個人破産する。そうすれば、取立てもなくなる〟というんです」

そして彼らは実際に離婚し、昭男氏の財産のほとんどが奥さんの名義に換えられた。そしてその後、彼は殺されたのだった。この事件にびっくりしたのは、ラスベガスなどに多額の借金をしていた日本人ギャンブラーたち。柏木氏の惨殺事件を聞いて、彼らの多くが急いで借金を返したとのことだ。

本書では、600万ドルの勝ちをおさめた柏木氏だったが、その三ヶ月後に再びトランプ氏のカジノで大勝負を行い、1000万ドルの負けを記録。その派手なギャラブラーぶりが報じられた。そして、当事件は2007年に時効成立を迎えて、真相は永遠に闇に葬られてしまった。

日本人で初となるトランプ氏へのインタビュー

私は1988年当時、テレビ東京で『ハローVIP！』という30分のレギュラー番組の企画・司会を一年間やった。世界のVIPを毎週ひとり直撃インタビューする企画で、世界の各界セレブ50人に会って、次々とインタビューした。

当時すでに「ニューヨークの不動産王」としての地位を築いていたトランプ氏をゲストに迎えようと思ったが、彼とアポを取ることは非常に困難だった。しかし、私はその頃、世界最大手の広告代理店BBDOの顧問をしていた。ニューヨークのBBDO本社の副社長がトランプ氏と親友であることを知り、彼を通じてインタビューを申し込んだところ、快諾してくれたのだった。それで日本人としては私だけが彼とのテレビインタビューに成功することになったのである。

1988年6月13日、ニューヨークの五番街のティファニービルの隣にそびえ立つトランプタワー。ビルの2階から7階の外側に沿って、階段状に樹木が植えてあるのが道路から見えるのが非常に印象的だった。成金趣味を思わせる金ぴかな入口を入ると、天井の高い吹き抜けがあり、何台ものエスカレーターが見え、壮観だった。

26階の彼のオフィスで握手を交わした。しっかりしたグリップの強さから、自分に対する自信をはっきりと感じとることができた。The Art of the Deal（邦題『トランプ自伝 アメリカを変える男』早川書房）という題名の著書を出版した直後で、それが全米でベストセラーになっていて彼の絶頂期だった。ハンサムな顔、190センチもある身長、仕立ての良いスーツ、きれいに磨いた靴などから「スマートで優秀なビジネスマン」の印象を受けた。

それと同時に、一種のオーラが彼の周りには漂っていた。ソニー創設者の盛田昭夫氏とか元英国首相のマーガレット・サッチャーさんから感じた強烈でポジティブなオーラを、私はその時も感じたのだった。

1988年、日本はまだバブル経済の真っ最中で、多くの資産家や投資家がトランプ氏がマンハッタンなどに建てた高級マンションを買いに来ていた時代だった。彼にとって日本人は大事なお得意先だったので、「日本でのイメージアップはビジネスにとってプラスになるから、いい印象を与えよう」という計算が彼の頭の中にあったのだろう。このテレビ番組の司会者であった私には非常に友好的で、翌日の彼の誕生パーティにも招待してくれたほどだ。現在の吠えるような口調とは違って、非常に穏やかで、理路整然とした話し方で、次のように私に話しかけてくれた。

① 日本や日本人を褒めつつ、日米の貿易不均衡や思いやり予算が不十分な点を上手に指摘した。
「アメリカの馬鹿な政治家のおかげで、日本は上手に交渉して、莫大な利益をあげている。見事としか言いようがない。私は日本を尊敬している。」
「アメリカの軍隊が、日本をソ連、中国、北朝鮮などから守っている。またアメリカの艦隊がペルシャ湾の安全保障をしている。そこを通って日本のタンカーが原油を運んでいく。それを使って日本は自動車や家電製品を作って、大量にアメリカに輸出して、莫大な利益をあげている。日本はアメリカをやっつけてくれた。見事だ！」

② ビジネスだけでなく、政治にも興味があるのではないかと思って、冗談半分に大統領選挙へ

の出馬の可能性を質問をしてみたところ、次のような答えが返ってきた。
「現在は不動産ビジネスを楽しんでいるし、これに集中したい。しかし今のように馬鹿なアメリカの政治家が失敗をくりかえすようであれば、将来出馬することも考えるかもしれない。」

なんと、28年前に私に言ったことが、今年現実として起こっているのだ。

過激なパフォーマンスは戦略

本書の原本が1991年にアメリカで出版され、この日本語版は1992年6月13日に出版された。この頃のトランプ帝国はいくつかの子会社が経営破綻し、彼は危機的状況にあった。しかし幸運の女神は彼を見はなさなかった。90年代後半にアメリカの景気が上向き始めると、彼は不死鳥のように復活した。マンハッタンにTrumpの名前を冠した高級マンションを建て、ラスベガスとアトランティック・シティなどアメリカの主要都市にホテルやカジノをオープンさせ、「不動産王トランプ」の地位を再構築したのだった。

その後もカジノホテルが支払い不能に陥ったりと紆余曲折はあったが、フォーブス誌の集計によれば、彼の2016年現在の資産総額は45億ドルと推定される。2016年3月17日現在の為替レート112円で計算すると、約5000億円であって、アメリカの億万長者のリストに名前を連ねている。

私が彼をインタビューした1988年頃と比べると、最近のトランプ氏の発言は非常に過激なものになってきている。「メキシコは犯罪者、麻薬などをアメリカに送り込んでいる。アメリカとの間に壁を造るべきで、その費用はメキシコが負担すべきだ！」とか「日本と中国は為替市場を操作している。米ドルに対する自国の通貨の価値を下げて、アメリカへの輸出を有利にして、莫大な利益を上げている。」などとぶち上げて、物議を醸している。

しかし、彼のようにビジネスを成功させてきた人間には、必ず戦略があるものである。このような発言は、多くのアメリカ人の心に共鳴する点が多いのだ。私は17歳の時にアメリカのハイスクールに1年間留学した。シカゴから100キロ西、人口5000人のサンドイッチという小さな町にホームステイして、平均的なアメリカ人の間で生活して、彼らの価値観、世界観を見たり、感じたりしてきた。彼らの多くは「モンロー主義的アメリカ中心主義」が本音の部分にあることを私は何度も感じた。しかしそれを彼らは口に出してはならないことを知っている。それをトランプ氏は、正々堂々と大声で言ってくれる。彼らにしてみれば、溜飲の下がる思いなのだ。彼のパフォーマンスに酔い、支持者に加わる。

「メキシコからは犯罪者、麻薬などがアメリカに入り込んできている。メキシコとアメリカの間に壁を造ろう！その費用はメキシコに払わす！」

このような荒唐無稽とも思える発言に共感を覚えるアメリカ人が多いことも事実だ。現状に不満を持っている一般大衆の白人、黒人たちは、彼のこんな言葉を聴くと、「トランプ氏は自分の本当の気持ちを代弁してくれている。」という共感を覚える者が少なくない。

しかし、もしも仮にトランプ大統領が誕生したとする。そのような法案を議会に提出しても通過する可能性はゼロに近い。それをトランプ氏は十分に承知していながら、このような強烈な演説を繰り返している。アメリカの一般大衆を「トランプ旋風」に巻き込もうとする彼の戦略だ。彼はしたたかな確信犯である。


また彼はブランディングの天才だと思う。まず企業ブランディングの分野では、Ｔｒｕｍｐのブランドを冠したホテル、カジノ、コンドミニアム、ゴルフ場などが多くある。Ｔｒｕｍｐの名前で付加価値がつき、より良い客を惹きつけ、より高い価格を設定することが可能になっているのだ。これらは計算しつくされた彼一流の企業ブランディングなのだ。


そして、彼自身の個人ブランディングの分野でも、彼は優れている。

その代表例が、ユニークな風貌と強烈な性格。常軌を逸したと思われる発言などで、マスコミと大衆の注意を引く。たとえば１００億円の選挙資金を使っても、その数倍もの媒体価値の波紋と報道を生み出しているのを、彼は知っている。他の候補者の場合は、１００億円は、１００億円の価値だけにとどまっている。

また、１９８８年に私が会った時、彼の髪の毛は黒かったが、現在では金髪だ。選挙民を意識して、髪を金髪に染めたか、かつらをかぶっているかもしれない。これも個人ブランディングの重要な要素だと私は考える。

“トランプ”大統領が日本に要求してくること

共和党の重鎮たちがトランプ追放運動を始めている。ウォールストリートジャーナル、ワシントンポスト、ニューヨークタイムズなどが、「トランプは大統領になるには不適格」の趣旨の記事を掲載している。しかし、7月の指名大会では、最終的には彼を指名せざるを得ない状態になるだろう。

一方の民主党は、ヒラリー・クリントン氏が大統領候補に選ばれて、11月の選挙では、この二人の決選が予想される。

この対決は意外な接戦になると思う。ニューヨーク州、カリフォルニア州、テキサス州、フロリダ州などの大票田の代議員をどちらが取るかが、カギを握っている。私の希望的観測では、53vs47でクリントン氏が辛くも勝利し、アメリカ合衆国初の女性大統領誕生になるのではないだろうか。

私はサッチャー元英国首相の日本代表を10年間務めて、１９９１年から２０００年まで、毎年彼女を日本に招待して、講演会やチャリティのイベントを企画・実行した。サッチャーさんが私に面白いことを言っておられた。
「女性のほうが家計をやりくりする知恵があるので、国家財政のやりくりも女性のほうが男性よりも優れている。」とおっしゃった。私はヒラリーさんにその点を期待している。

しかし、仮にトランプ氏が大統領になったら、日本に対してどのような政策で臨んでくるのか、最も関心のあるところだ。

１９８８年のインタビュー以来、彼が終始一貫して言い続けてきたことは、「日本はずるい。アメリカの軍隊に日本を守らせておいて、その経済的負担を十分にやっていない。ペルシャ湾の警備もアメリカがやっていて、そのおかげで日本のタンカーが安全に航行できている。これに対して、日本はまったく負担していない。不公平だ！」

従って、いわゆる「思いやり予算」の大幅な増額といった、金銭的な負担を要求してくることは十分に考えられる。

そして日米の貿易不均衡に対しても、昔から不満を感じていた。「日本はアメリカのコメ、牛肉の輸入を急増させるべきである。さもないと日本からアメリカに輸出されている工業製品などに対してもっと高い関税をかける用意がある。」などの要求をつきつけてくるかもしれない。

いずれにしても、とんでもなく異色の大統領候補の出現である。そのトランプ氏に日本人ではたった一人テレビインタビューし、本書の翻訳も手がけることができた私は幸運だったと思っている。

2016年3月、東京、恵比寿にて

植山周一郎

本書は、小社刊『経営者失格――トランプ帝国はなぜ崩壊したのか』（1992年）に「訳者あとがき」を新たに付して改題・再編集した新装版です。

D・トランプ 破廉恥な履歴書

2016年4月15日　第1刷発行

著　者　ジョン・オドンネル
　　　　ジェームズ・ラザフォード

訳　者　植山周一郎

発行者　土井尚道

発行所　株式会社飛鳥新社
〒101-0003 東京都千代田区一ツ橋2-4-3 光文恒産ビル
電話　03-3263-7770（営業）03-3263-7773（編集）
http://www.asukashinsha.co.jp

印刷・製本　中央精版印刷株式会社

ISBN 978-4-86410-488-3

編集担当　三宅隆史